AF196665

2. Auflage

Autor
Marry Nilles
Kontakt: poolchen56@gmail.com

Covergestaltung
Constanze Kramer
Cover Boutique
Am Simonsberg 8
30900 Wedemark

Lektorat
Bettina Wiedig
Das Literaturfenster
http://www.das-literaturfenster.de.vu

Verlag & Druck
tredition GmbH, Halenreie 40-44, 22359 Hamburg

ISBN: 978-3-7497-2868-8
ISBN: 978-3-7497-2869-5
ISBN: 978-3-7497-2870-1

Marry Nilles

Wie ich mich verlor und wiederfand

„Geh Du vor", sagte die Seele
zum Körper, „auf mich hört
er nicht, vielleicht hört er
auf Dich."

„Ich werde krank werden, dann
wird er Zeit für Dich haben",
sagte der Körper zur Seele.

(U. Schaffer)

Vorwort

Mein Buch beschreibt meine Kindheit, meine Jugend und meine Familienverhältnisse, d. h. meine Beziehung zu meinen Eltern und Geschwistern, meine erste Ehe, meine zweite Ehe und wie ich in diese gefürchtete Krankheit „Depression" hineinrutschte, ohne dass es mir bewusst war.

Heute kann ich beschreiben, wie ich alles empfand. Es gab eine Zeit, in der konnte ich es nicht, war durch diese Krankheit nicht dazu fähig. Eine Krankheit, die man nicht sieht und die doch so präsent ist, wenn man genau hinschaut. Ich beschreibe die Entwicklung dieser Krankheit in den einzelnen Etappen und wie sich das Krankheitsbild zeigte. Wie ich bemerkte, dass ich an mir selbst zerbrochen war, und dass sich zu einem späteren Zeitpunkt auch organische Schäden bemerkbar machten.

Mit gut gemeinten Ratschlägen versuche ich die Menschen darauf aufmerksam zu machen, dass sie oftmals den falschen Lebensweg beschreiten. Oft bekomme ich negative Rückschläge, doch erlebe ich auch bereits positive Erfahrungen. Ich beschreibe, wie ich mein Selbstwertgefühl mit kleinen Schritten wiederfand und mich somit zu einem positiv denkenden Menschen entwickelte.

Für mich ist dieses Buch ein Appell an die Menschen, die ich lieb habe und an die, die sich helfen lassen wollen. Die Personen, die ich in meinem Buch beschreibe, gehörten oder gehören zum Teil noch immer zu meinem Leben. Heute fällt mir sofort auf, wenn jemand depressiv ist, ich erkenne jedes Anzeichen. Und wenn ich ein wenig aus dem Leben des anderen Menschen erfahren habe, wird mir auch klar, wieso diese Krankheit ein Teil von ihm ist. Einfach aus dem Grund, weil ich diese Krankheit überstanden habe und daher genügend Erfahrung diesbezüglich besitze.

Ich beschreibe das Leben, welches ich führte und wie mein Leben heute aussieht. Wie mein Umfeld sich verändert hat, und wie ich mich selbst verändert habe. Gewissermaßen schneide ich viele Themen an, da ich sehe, dass die Probleme, die man heute hat, wohl nicht durch ein Ereignis der Gegenwart entstanden, sondern meistens in der Vergangenheit der Menschen zu finden sind.

Mein Buch beschreibt meine Erfahrungen an mir selbst und die Erfahrungen und Schicksale, die ich durch viele Gespräche mit Menschen erfahren und zu verstehen gelernt habe. Alles in allem empfinde ich mein Buch als ein Aufdecken der Realität und der Wahrheit vieler Situationen von Menschen, die mir nahe stehen oder standen, und ich hoffe, anderen Menschen, die ähnliches durchleben, damit Hinweise geben zu können, um frühzeitig etwas gegen diese Krankheit und ihren Verlauf zu unternehmen.

Ich hoffe, dass ich mit meinen nachfolgenden Ausführungen kein allzu großes Durcheinander in den Köpfen meiner Leser verursache. Es kann vorkommen, dass ich von einem Extrem ins andere übergehe, doch die erlebten Situationen wiederholen sich immer wieder im Leben und aus diesem Grund ist es nicht einfach, alles der Reihe nach zu erzählen.

Ihre
Marry Nilles

Dieses Buch schreibe ich, um Menschen wach zu rütteln, damit sie vielleicht auch den Mut finden, ihr eigenes Leben aufzuschreiben. Ich kann nur sagen, Schreiben erleichtert und hilft, alles zu verarbeiten, was man womöglich verdrängte. Niemand hat mehr Zeit zum Zuhören oder will es auch nicht. Sehr oft hörte ich mir über einen längeren Zeitraum die Probleme anderer an und machte dann die Erfahrung, nur auf taube Ohren zu stoßen, wollte ich anschließend von meinen Sorgen berichten.

Eines Tages kam mir die Idee alles niederzuschreiben, so bin ich wenigstens frei von allem Verdrängten und kann vielleicht mit meinen Erfahrungen auch anderen Menschen helfen. Es liegt mir fern, mit diesem Buch jemanden zu beschuldigen. Es geht mir einzig und allein darum, mitzuteilen, wie es mir ergangen ist.

Mir ist aufgefallen, dass die meisten Menschen nicht mehr zuhören und einfach nur oberflächlich leben. Sie funktionieren, sind abgestumpft. Die Mehrheit verdrängt ihre Gefühle, belügt sich selbst und damit auch ihr Umfeld. Wenn man einmal wie ich „am Boden lag" und wieder aufgestanden ist, erst dann versteht man fast jede Situation und weiß, wie man sie meistern kann, auch wenn es einem schwer fällt, da unsere Gesellschaft immer wieder versucht, eigene Meinungen zu ändern. Es ist nicht einfach, seine Gewohnheiten abzulegen, die einem zum Teil anerzogen wurden. Einzig und allein die Meinung anderer Menschen für angemessen zu halten, ist ebenfalls nicht der richtige Weg. Man soll einfach seine eigene Meinung haben und sich von nichts und niemandem davon abbringen lassen.

Von wie vielen Selbstmorden hört man, von schweren Depressionen, von Alkohol-, Drogen- oder auch von Arbeitssucht. Letzteres erzeugt Stress und Stress macht uns Menschen kaputt. Bei all dem Genannten handelt es sich um Krankheiten, die uns heimsuchen, verdrängen wir Dinge, die wir nicht mehr sehen wollen.

Menschen verdrängen Dinge, um das Negative nicht mehr sehen zu müssen, doch leider sehen sie dabei auch das Schöne nicht mehr. Ist man erst einmal nicht mehr in der Lage, die kleinen und die schönen Dinge im Leben wahrzunehmen, sondern es zählen nur noch die Arbeit oder das Glas Bier am Stammtisch, spätestens dann sollte man an sich arbeiten.

Acht Jahre lang war ich schwer depressiv, alkoholsüchtig und medikamentenabhängig. Sechs Jahre lang arbeitete ich an mir und habe es geschafft, der Hölle der Dunkelheit zu entkommen. Es war ein sehr langer Prozess und harte Arbeit an mir selbst, vor der viele Menschen sich scheuen.

Es gab Zeiten, in denen hatte ich keinerlei Gefühle mehr, war innerlich tot und habe mit Therapien und psychologischer Unterstützung es geschafft, mich und mein natürliches Wesen wiederzufinden. Heute bin ich in der Lage, wieder zu lachen, zu tanzen und Dinge zu unternehmen, die mir Spaß bereiten. Ich funktioniere nicht mehr, ich lebe, und viele Menschen haben dies leider verlernt.

Unser aller Leben besteht aus Beziehungen und an diesen scheitern die meisten Menschen. Diese Krankheit, die man nicht sieht, entsteht meistens durch kaputte Beziehungen. Was sind Beziehungen? Das Leben besteht aus vielen unterschiedlichen Beziehungen. Eine Beziehung hat man nicht nur mit seinem Partner. Man hat Beziehungen zu seinen Kindern, Freunden, zur Familie und sogar zu seinen Haustieren. Meistens sieht man nur die Beziehung mit einem Partner, und wenn man partnerlos lebt, fühlt man sich allein. Sehr oft habe ich dieses Gefühl selbst erlebt, fühle mich heute auch noch öfters allein und suche dann menschliche Nähe. Doch meistens werde ich enttäuscht, da die Menschen nur versuchen, einen durch Manipulation oder Lügen zu verändern. Es ist ein sehr harter Kampf, bei seiner Meinung zu bleiben. Ständig muss man sich wehren, und manchmal fühle ich mich so ausgelaugt, fühle mich zu müde, anderen Menschen zu zeigen, dass es auch ohne Lügen und Manipulation funktioniert. Meistens ziehe ich mich dann zurück, beschäftige mich mit Dingen, die mir wichtig sind und muss nicht zusehen, wie andere Menschen kaputt gehen und sich selbst zerstören.
Sich selbst finden - was bedeutet das? Man soll sich so zeigen wie man ist, doch dazu gehört viel Selbstvertrauen. Vieles wurde uns anerzogen, wie z. B diese Floskeln und die netten Manieren, die uns nach vielen Lebensjahren eintönig und langweilig werden lassen, und all das zerstört in einigen Bereichen die Natürlichkeit des Menschen. Man schwimmt im Strudel der Menschheit mit, lebt wie die meisten, und das ist falsch. Man soll tun und lassen, was man selbst für richtig erachtet, nicht was der Partner oder sogenannte Freunde erwarten.

Es ist sehr schwer, sich nicht ständig von anderen Menschen beeinflussen zu lassen. In der Partnerschaft ist es am schwersten. Man möchte dem Partner „gefallen", sei es mit der Kleidung, mit der Frisur oder mit dem Benehmen.

Ich kann von mir behaupten, mich so anzuziehen, dass ich mich wohl fühle, und ich gehe an Orte, an denen ich spüre, glücklich zu sein und lasse mir von niemandem vorschreiben, was ich tun oder lassen soll. Was andere Menschen von mir denken oder über mich sagen, ist egal. Hauptsache ich fühle mich gut, und seit ich mein Denken diesbezüglich verändert habe, geht es mir besser.

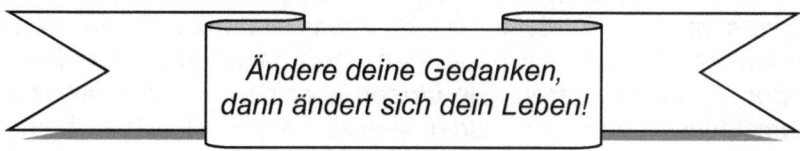

Ändere deine Gedanken,
dann ändert sich dein Leben!

Oft sehe ich Menschen zerbrechen, aber leider kann man nichts daran ändern, außer dieser Mensch nimmt an, was man ihm rät. Die meisten Menschen glauben einem nicht bis sie selbst „am Boden liegen". Vielleicht sagen sie dann: „Wie recht du hattest" oder auch nicht, da ja kein Mensch gern etwas ehrlich zugibt.

Sehr schnell sehe ich heute zum Beispiel, wenn ein Mensch innerlich zerbricht und versuche in so einer Situation immer wieder zu helfen. Leider höre ich oft den Satz: „Du mischst dich in mein Leben ein", dabei versuche ich lediglich, diese Personen auf ihren Zustand aufmerksam zu machen. Manchmal hab ich den Eindruck, dass Menschen „Tomaten auf den Augen haben". Sie wollen nicht mehr sehen, hören und schon gar nicht fühlen. Sie lassen absolut nichts zu und schon gar nicht gestehen sie sich etwas ein. Irgendwann wird sie dieses Versteckspiel innerlich auffressen. Dies kann Jahre in Anspruch nehmen, kann aber auch ganz schnell gehen. Wie so oft im Leben kommt es einfach nur darauf an, ob man etwas unternimmt oder nicht.

Hätte ich es nicht selbst erlebt, würde ich es nicht wissen Ein jeder weiß es besser und sagt sich oder auch mir: „So etwas wird mir nicht passieren." Und dann geschieht es doch. Ich habe Menschen nach Jahren wiedergetroffen, die am Boden zerstört waren. Sie fanden aber nie den Mut, etwas an ihren Lebensumständen zu ändern. Jeder Mensch verändert sich im Laufe seines Lebens, doch es liegt einzig und allein an ihm selbst, sich positiv oder negativ zu verändern. Die meisten Menschen, die ich nach längerer Zeit wiedergesehen habe, veränderten sich zum Negativen. Ich dagegen habe mich fürs Positive entschieden.

Viele verstehen mich nicht mehr, da mich die meisten anders gekannt haben. Sie finden mich jetzt eingebildet, arrogant oder dominant. Das bin ich nicht und werde es nie sein. Ich habe lediglich mittlerweile ein sehr großes Wissen, und die Dinge, die ich weiß, wende ich an. Auch wenn mir vieles an den Kopf geschmissen wurde, blieb ich bei meiner Meinung, was viel Kraft und Mut erforderte. Ich bin nicht mehr manipulierbar, außer ich lasse es zu. Manchmal behandelt man mich noch immer wie ein kleines Kind, doch dazu muss ich anmerken, ich verhalte mich auch ab und an so. Einfach unbeschwert und ausgelassen. Das bekommen die wenigsten Menschen hin. Ich kann mich wie ein kleines Kind über Dinge freuen, denn Freude habe ich lange nicht empfunden und konnte darum auch keine geben.

Ehrlich gebe ich zu, nicht alles zu können. Zum Beispiel sind meine handwerklichen Fähigkeiten nicht die besten, und in technischen Sachen bin ich auch nicht sehr begabt. Aber, man muss ja auch nicht alles können auf dieser Welt. So habe ich bei mir über die Jahre Talente entdeckt, die sehr selten sind. Zum Beispiel kann ich in die Seele eines Menschen schauen, wenn sich dieser nicht allzu sehr verschließt. Ich schaue nicht weg, wie die meisten Menschen. Ich schaue hin, und wenn mir ein Mensch sehr am Herzen liegt, schaue ich doppelt hin. Außerdem kann Ich wunderbar tanzen und malen. Dies alles macht mich glücklich, auch wenn es kein Mensch versteht. Ehrlich gesagt, versteht so gut wie niemand mein Leben, doch die Hauptsache dabei ist, dass ich es verstehe.

Ich besitze die Gabe, zwischen den Zeilen zu lesen. Höre Worte, die nicht gesagt werden und bin ein sehr aufmerksamer Mensch, der auch sehr auf Körpersprache achtet. Ich beobachte nicht nur andere Menschen, ich beobachte mich selbst. Vor allem meine Gefühle, und ich gehe sehr aufmerksam mit diesen um. Ich lasse nichts mehr zu, was mir weh tut. Spüre ich, dass mir etwas nicht gut tut, wehre ich mich „mit Händen und Füßen" dagegen. Meine Gefühle zulassen musste ich erst wieder erlernen, denn auch mein Herz war lange Zeit „verschlossen".

Wie oft höre ich den Satz: „Ich möchte diesen oder jenen Menschen nicht verlieren". Man verliert keinen Menschen, solange er noch am Leben ist und man kann immer etwas tun, damit sich Dinge ändern. All dieses jemandem begreiflich zu machen, ist sehr schwer.

In einem Zeitraum von 15 Jahren verlor ich sehr viele Menschen, stand quasi nur noch auf dem Friedhof und kann heute noch keine Friedhöfe ertragen, da mir kaum Zeit blieb, all das Erlebte zu verarbeiten und mir niemand eine Stütze war. Doch so ist das Leben nun einmal, unerbittlich und ein harter Kampf. Als erste Person verstarb mein Opa, ein paar Jahre später meine Mutter. Wiederum 12 Jahre später mein Vater und anschließend meine geliebte Oma. Sie verkraftete wohl den Tod ihres einzigen Sohnes nicht und so standen immer weniger Menschen mit mir am Grab. Zurück blieben drei Kinder, die das Liebste, was sie besaßen, verloren hatten. Wir schworen uns damals, immer zusammenzuhalten. Durch die Art wie ein jeder lebte, war dies aber nicht immer möglich, doch nach meiner Krankheit ging ich wieder auf alle zu und versuchte einiges zu erklären. Leider wurden meine Geschwister durch andere Menschen beeinflusst und diese Tatsache ermüdet sehr.

Mein Papa sagte immer zu mir: „Das Leben ist ein Kampf. Wir sind keine Kämpfer, aber du hast eine Kämpfernatur." Ein Satz, der mir noch heute sehr viel Mut macht. Oft sagt man mir ich sei stark, würde das schon alles schaffen oder ich hätte gelernt, Dinge gut zu verarbeiten. Und obwohl ich stark war, fiel ich so tief, dass ich fast nicht mehr auf die Beine kam, denn auch ein starker Mensch kann fallen. Wie ein jeder von uns musste auch ich mich durch das Leben boxen, fiel um und stand wieder auf. Heute sagt man mir des Öfteren: „Du bist eine starke Frau, sonst hättest du das alles nicht geschafft." Den meisten Menschen fehlt der Mut, sich Dinge einzugestehen und daraus resultierende Veränderungen durchzuziehen.

Ich bin der Meinung, der liebste Menschen, den ich bis jetzt verloren habe, war mein Vater. Er konnte so wunderbar tanzen, und wenn er ein Musikinstrument spielte und dazu sang, war ich so fasziniert von ihm. Wenn wir zusammen tanzten, verließen alle die Tanzfläche und schauten uns zu. Wenn ich heute ausgehe, tanze ich alleine und jeder schaut mir zu.
Manche Zuschauer sind einfach geschmacklos und versuchen meinen Tanzstil nachzumachen. Diejenigen bekommen aber meistens eine kräftige Abfuhr von mir, doch vermiest es einem oft die Laune.

Wie bereits erwähnt – Tanzen – ist einfach ein wunderschönes Gefühl. Mein Vater und ich liebten beide das Tanzen. Er war ein Gefühlsmensch durch und durch. Ich glaube, ich habe viel von ihm geerbt und erinnere mich, dass er sich immer ärgerte, dass wir Kinder kein Musikinstrument spielten. Mein Talent ist das Malen und man kann sich dabei seinen Emotionen genauso hingeben wie bei der Musik.

Für mich ist Musik hören, malen und tanzen mein Leben. Viele Menschen haben verlernt zu leben. Auch die Musik spielt nach wie vor eine sehr große Rolle in meinem Leben. Ich spüre sie und lasse sie in mein Herz hinein. Manchmal tanze ich irgendwo, und sei es beim Friseur. Hauptsache die Musik gefällt mir. Natürlich begutachten mich die umherstehenden Leute als sei ich betrunken oder verrückt. Mir persönlich ist das jedoch völlig gleichgültig. Ich fühle mich wohl und das ist die Hauptsache. Der größte Teil der Menschen um mich herum versteht meine Art zu leben nicht, doch all diese Leute haben keine Ahnung von meinem bisherigen Leben. Eigentlich interessiert es auch niemanden, und doch habe ich im Laufe der Zeit einige Menschen kennengelernt, die mir zuhörten und ebenfalls in der Lage waren, etwas an ihrer Lebenssituation zu verändern. Für mich selbst kann ich nur eins immer wieder sagen: Hätte ich mich nicht verändert, wäre ich kaputt gegangen.

Mit der Zeit wird man anderen gegenüber sehr misstrauisch. So ein Verhalten ist zwar nicht gut, doch immerhin ist es besser, als jedem blindlings zu vertrauen. Meinem Mann habe ich wirklich total vertraut, habe ihn sehr geliebt und wurde von ihm sehr ausgenutzt. Einen Menschen, den man liebt, nutzt man nicht aus, man respektiert ihn und nimmt ihn so an wie er ist. Mein Mann demütigte und benutzte mich.

Meinen Lieblingssatz: „Man nimmt mich so wie ich bin oder man lässt es sein" kennt jeder. Der Unterschied zwischen mir und anderen Menschen besteht jedoch darin, dass ich nach diesem Satz lebe und andere ihn nur sagen.

Mir gefallen keine Menschen, auf die man sich nicht verlassen kann, und ich lerne immer wieder diese Sorte von Menschen kennen. Ihre Ausflüchte: „Ich rufe dich an" oder „ich hätte dich ja angerufen, aber", kenn ich nur zu gut. Zwischen „hätten" und „haben" besteht ein großer Unterschied. Wenn ich etwas sage, halte ich es auch ein. Natürlich kann immer etwas dazwischenkommen, doch sollte man die andere Person wenigstens darüber in Kenntnis setzen. Lässt sich zum Beispiel. ein Termin nicht einhalten, sage ich Bescheid und lasse meine Verabredung nicht warten.

Viele Leute möchten so sein wie ich, doch bis dahin ist es ein langer und harter Weg. Ich habe ihn geschafft, habe aus meinen Depressionen herausgefunden, und wenn es mir heute schlecht geht, kann ich gut damit umgehen. Die Kunst im Leben ist sich selbst zu finden, sich morgens im Spiegel anzuschauen und sich zu mögen. Ich habe schon öfters „Kopien" von mir entdeckt, doch irgendwann sah ich auch, dass diese „Kopien" es dann doch nicht schafften. Entweder sind Menschen egoistisch oder sie geben zu viel von sich. Beides ist nicht gut, denn an beidem geht man irgendwann kaputt. Einzig und allein richtig ist der goldene Mittelweg.

Ein Satz, der mir sehr gut gefällt, da ich mich für einen Außenseiter halte. „Kopien" meiner Person spielen mir etwas vor, sagen die Dinge, die ich ihnen sagte und sind nicht überzeugt von dem, was sie selbst sagen.

Viele geben mir die Ratschläge, die ich ihnen gab und sind anscheinend der Auffassung, ich hätte sie vergessen. Als ich beschloss, diesen Weg einzuschlagen, war mir klar, dass ich alleine bleiben werde. Manchmal begegnet man auf seinem Lebensweg lieben Menschen, doch dies ist eher die Ausnahme.

Wo Außenseiter sind, erträgt die Gesellschaft nur Kopien!

Meine Kindheit

Im Jahr 1956 wurde ich in einem kleinen Dorf in Luxemburg als zweites von drei Kindern geboren. Mein Vater war ein einfacher Fabrikarbeiter und meine Mutter Hausfrau und Mutter. Mein Leben begann schwierig. Ich kam als Steißgeburt zur Welt und habe meiner Mutter damit wohl viel „angetan", obgleich es nicht meine Schuld war, dass ich geboren wurde. Von meiner Mutter fühlte ich mich eigentlich nie geliebt.

Im Jahr 1960 besuchte ich den Kindergarten. Ich bastelte und malte schon immer sehr gerne, war aber stets ein Außenseiter und Einzelgänger. Wieso ich mich oft von den anderen Kindern selbst isolierte, kann ich nicht beantworten. Meine Kindergärtnerin war Nonne Schwester Simone. Ich glaube sie mochte mich sehr. Als ich einmal mit meiner Mutter vor der Tür mein Puppengeschirr abspülte, kam Schwester Simone vorbei und sagte liebevoll: „Du wirst aber mal eine gute Hausfrau." Ich war damals sehr stolz. Meine Mutter hingegen äußerte sich nicht zu den Worten meiner Kindergärtnerin. Ehrlich gesagt, erinnere ich mich sowieso nicht mehr viel an meine Mutter. Das einzige, was ich wirklich noch behalten habe, ist, dass ich sie nie lachen gesehen habe. Ich habe sie nur traurig in Erinnerung. Außerdem erinnere ich mich, dass sie als junge Frau sehr hübsch war und Fuchsien ihre Lieblingsblumen waren, die sie hinter unserem Haus in großen und kleinen Töpfen züchtete.

Ich war ein kleiner blonder Krauskopf, der sich mit der Zeit in fuchsrote Haare verwandelte. Später in der Schule wurde ich aufgrund dessen oft gehänselt. Heutzutage färben sich fast alle die Haare rot. Auch ich, denn ich denke, dass diese Farbe zu meiner quirligen Natur passt. Irgendwann werde ich meinen grauen Haaren ihren Weg lassen Bis vor ca. zehn Jahren brauchte ich meine Haare nicht zu färben, doch krankheitsbedingt wurden sie plötzlich stumpf und hatten keine schöne Farbe mehr.

Ab dem zweiten Schuljahr trug ich eine starke Brille, hörte ständig die Worte „Brillenschlange" und aufgrund meiner roten Haare „Stopplaterne". Das tat mir sehr weh, aber Menschen können nun mal grausam sein. Wie oberflächlich sie größtenteils doch sind, sehen nicht, was sich im Innern des Menschen befindet. Heute denke ich, sie verletzen andere, weil sie mit sich selbst unzufrieden sind. Damals war ich sehr verletzt und zog mich immer mehr zurück.

Mein Lieblingsspielzeug war Robi, meine Babypuppe. Ich liebte sie über alles. Als mein Bruder groß genug war, riss er ihr aus Eifersucht den Kopf ab. Ich war darüber sehr wütend, fand den Puppenkopf nie wieder. Mein Bruder gestand mir eines Tages, die ganze Zeit über gewusst zu haben, wo sich der Puppenkopf aufhielt.

Als meine Mutter starb war ich 14 Jahre alt und hatte eine zwei Jahre ältere Schwester, die sehr fleißig in der Schule war. Ich war eher die Faule, was das Lernen anbelangte, tobte lieber draußen herum und ließ die Bücher Bücher sein. Mein Vater sagte immer zu mir: „Du bist nicht dumm, du bist einfach nur faul." Er hatte wohl Recht, doch habe ich das Leben auch ohne viel Lernen besser gemeistert als meine Schwester, die ein Bücherwurm war. Heute lese ich sehr viel, denn Bücher sind Wissen.

All das Beschriebene, sind nur einzelne Fetzen aus meiner Kindheit, die mir noch bewusst sind. Vieles ist wie ausgewischt. Ich erinnere mich noch gerne daran, wenn wir mit unserem Vater vor der Tür saßen, er Gitarre spielte und dazu sang. Ich habe das so genossen, denn ich liebte seine Stimme und seine Musik.

Mein Vater hat, als wir klein waren, viele Fotos von uns selbst entwickelt. Als ich Anfang 20 war, besaß ich noch viele dieser Fotos und hatte mir ein eigenes Fotoalbum von meiner Kindheit zusammengestellt. Leider verbrannte mein erster Mann dieses Album aus Wut darüber, dass ich ihn verlassen hatte.

Aufgewachsen bin ich in einem Haus, das ich in nicht allzu guter Erinnerung habe. Worte wie „Scheidung", die sehr schmerzten, klangen mir immer in den Ohren. Meistens gab ich mir die Schuld an diesen Worten und an dem Streit meiner Eltern. Ich glaube es ist eine normale Reaktion eines Kindes, dass es sich selbst die Schuld gibt, wenn die Eltern sich streiten oder sich scheiden lassen.

Keinesfalls war ich das einfachste Kind, mehr ein missratener „Junge". Ich handelte meistens anders als die anderen Mädchen, kletterte auf Bäume und jagte meinen Eltern öfters einen gehörigen Schrecken ein. Meist stand meine Mutter unter dem Baum, auf dem ich saß, und schrie voller Angst: „Marie, pass auf, dass du ja nicht runterfällst." Gedacht habe ich mir immer: Du bist rauf gekommen, also musst du auch runterkommen. Ist doch eine ganz einfache Sache.

Meine Schwester dagegen saß immer über ihren Büchern und lernte fleißig, was ihr aber später im Leben nicht allzu viel brachte. Sie wusste zwar viel, aber über das Leben hat sie bis heute nichts gelernt. Dazu später noch mehr.

Die Haushaltsaufgaben waren in unserer Familie keinesfalls aufgeteilt. Meine Mutter kochte Essen, weil sie es musste. Mit Liebe hatte das nichts zu tun. Ständig aßen wir Kartoffeln, ich hasse sie noch heute. Es gab immer das gleiche Essen: Warme Fleischwurst und Kartoffeln. Mein Vater bekam, wenn er von der Mittagsschicht kam, eine Spinatsuppe. Durch das Drei-Schichten-System meines Vaters kam meine Mutter nicht umhin, ständig zu kochen. Wir Kinder besuchten die Schule, kamen mittags nach Hause und wollten auch etwas essen. Anschließend kam mein Vater am Nachmittag heim und hatte ebenfalls Hunger. Nur wenn unser Vater Mittagsschicht hatte, kochte unsere Mutter immer extra Nudeln, und zwar auf eine Art, wie ich sie heute noch zubereite und an meine Söhne weitervermittelt habe.

Ich denke meiner Mutter bereitete das Kochen mehr Freude, wenn unser Vater nicht zu Hause war. Vielleicht lag es daran, dass sie dann nicht unter Druck stand. Auf jeden Fall ging es an solchen Tagen bei uns stets lustig zu. Wir Kinder sangen immer ein spezielles Lied dessen Melodie ich noch heute im Kopf habe. Für uns waren solche Tage etwas Besonderes, denn meistens gab es nur Brote, wenn unser Vater anwesend war.

Oft ging ich zu unserer Nachbarin und war mit ihrer Tochter, die etwas jünger war als ich, zusammen. Sie hatten eine tolle Schaukel unter der Scheune, bei der ich sehr viel Zeit verbrachte. Mit dieser Schaukel flog ich hoch in die Lüfte und fühlte mich frei wie ein Vogel. Wir beide entwickelten eine tiefe Freundschaft, die aber leider in die Brüche ging, warum auch immer. Vielleicht lag es daran, dass wir später wegzogen, denn von da an trennten sich unsere Wege. Ich kann nur sagen, dass sie wirklich meine einzige Freundin im Leben war.

Mein Vater war für mich der schönste Mann in meinem Leben. Er war nicht allzu groß, sah aber sehr gut aus. Er hatte schwarzes, dichtes Haar, zwischen dem bis zu seinem frühen Tod kein einziges Graues war. Oft gingen wir tanzen, und wenn wir gemeinsam tanzten, empfand ich ein wunderschönes Gefühl. Meistens gingen alle Menschen beiseite und sahen uns zu. Tanzen ist Leben, und wir beide konnten „leben". Es war Harmonie pur. Mein zweiter Mann konnte auch wunderbar tanzen, doch leider nur, wenn er genug getrunken hatte. Er benötigte Alkohol, um seine Hemmschwelle zu überwinden.

Mein Vater verlebte selbst eine schwere Kindheit. Er wurde 1929 unehelich geboren. Später lernte meine Großmutter wohl meinen späteren Großvater kennen, den ich nicht sonderlich mochte. Für mich war er ein Egoist, jemand, der Menschen kaputt machte und manipulierte. Mein Vater erzählte mir oft, er musste sich immer mit den Knien auf eine Bank mit Salz setzen, wenn er mal etwas ausgefressen hatte, und zwar solange, bis seine Knie aufgeborsten waren. Heute würde so etwas als Kindesmisshandlung gelten. Immer, wenn ich meinen Großvater sah, musste ich daran denken. Er verstarb im Alter von 65 Jahren an einem Hirnschlag. Der leibliche Vater meines Vaters war – wie man erzählte – Italiener. Vielleicht kommt es von der Seite, dass ich eine so lebendige Natur habe.

Die Beziehung zu meiner Großmutter, bei der ich mich besser fühlte als ich mich je bei meiner Mutter gefühlt habe, war sehr innig. Sie hatte immer ein gutes Wort für mich und wenn es in der Haushaltskasse nicht so ganz stimmte, war sie gerne bereit auszuhelfen. Das, was ich bei ihr bekam, fehlte mir sehr in meinem Elternhaus. Als mein Großvater verstarb, sah ich meine Großmutter eher aufblühen als zu Grunde gehen. Ihr Name lautete Marie, und sie war Deutsche. Ist schon komisch, wenn ich mir das jetzt genau überlege. Ich wohne mittlerweile in Deutschland und werde hier Marie genannt. Wie sich manche Dinge im Leben wiederholen.

Leider wohnten meine Großeltern weit entfernt von uns. In Luxemburg sind die Distanzen zwar nicht so groß wie in Deutschland, aber mir kam es immer wie eine Weltreise vor obwohl es nur eine Stunde Zugfahrt war. Ein Auto konnten wir uns nicht leisten. Meine Mutter schmuggelte mich in der Kontrolle immer durch, denn, da ich so klein und zierlich war und man mir mein Alter nicht ansah, bekam sie mich immer umsonst oder wenigstens zum halben Preis zu meiner Oma.

Mein richtiger Name lautet Marie-Paule. Diesen Namen mochte ich nie und aus diesem Grund lautet mein Künstlername auch „Marry". Diesen Tipp, den ich sehr gerne annahm, gab mir derzeit ein guter Freund. Marry klingt einfach flippiger und passt besser zu mir. Woher dieses „Paule" kommt, weiß ich gar nicht genau. Anscheinend war Paule ein Bekannter meiner Eltern, der ebenfalls rothaarig war.

Meine Großeltern mütterlicherseits lernte ich eigentlich nie so richtig kennen. Mein Großvater erhängte sich im Krieg, meine Großmutter habe ich nur als schwere Alkoholikerin in Erinnerung. Sie lebte in einem Haus, das ziemlich abseits von einem kleinen Dorf lag. Dort wurde sie im hohen Alter überfallen und vergewaltigt. Dieser Vorfall gab ihr den Rest, und anschließend wohnte sie eine Zeitlang bei uns. Mein Vater musste öfters nachts aufstehen, wenn sie mal wieder betrunken aus dem Bett gefallen war. Mit Alkohol versuchte sie sämtliche Dinge, die sie in ihrem Leben erlebt hatte, zu verdrängen. Später lebte sie in einem Altersheim, in dem sie allein und verlassen verstarb.

Von meiner Großmutter väterlicherseits habe ich noch heute einige Möbelstücke, zum Beispiel den Esstisch, der damals in ihrem Wohnzimmer stand. Ich bin immer so gerne zum Essen zu ihr gegangen Sie kochte wunderbar, konnte sich jedoch nicht immer gut umstellen und kochte aus Gewohnheit ständig für zwei Personen, auch wenn wir zu fünft kamen. Ehe sie verstarb stellte sie mir die Frage, ob ich gut auf ihre Möbel aufpassen würde, was ich ihr natürlich versprach. Soweit es mir möglich war, habe ich mein Versprechen auch eingehalten. Eine schöne Petroleumlampe blieb mir ebenfalls erhalten, und ihr Essgeschirr hab ich meinen Söhnen überlassen, die nach meiner Scheidung einen Neuanfang machen mussten.

Mein Vater hatte einen guten Freund, der bei uns wie zu Hause war. Gemeinsam spielten sie Schach und machten Musik. Der Freund meines Vaters spielte Akkordeon und mein Vater Gitarre. Es waren sehr schöne Zeiten, in denen ich mit Musik aufwuchs. Den Freund meines Vaters mochte ich sehr, und ich bin heute noch der Ansicht, er war für mich so eine Art Mentor. Mein Vater konnte seine Gefühle nicht so zeigen, und ich erinnere mich, dass ich immer auf seinen Schoß wollte, er mich aber immer wieder mit der Entschuldigung: „Meine Knie sind zu kurz" abdrängte. Der Freund meines Vaters nahm mich auf den Schoß, und so fühlte ich mich aufgrund dessen auch immer sehr wohl bei ihm. Später war seine Frau dann eifersüchtig auf mich, was ich nie verstand, denn ich war schließlich noch ein Kind. Ich reihte mir Dinge zusammen und kam zu dem Entschluss, dass ihre Eifersucht vielleicht darin begründet war, dass der Freund meines Vaters zum zweiten Mal verheiratet war und seine erste Frau ebenfalls rote Haare hatte.

Auch der Bruder dieses Freundes war öfters bei uns. Er war schwer zuckerkrank und ebenfalls sehr musikalisch. Dieser Mann machte mich eines Tages ziemlich „komisch" an, obwohl er viel älter war als ich. Ich war damals 14 oder 15 Jahre alt und habe nie jemandem etwas von diesem „Ereignis" erzählt, da ich die Freundschaft zwischen ihm und meinem Vater nicht gefährden wollte. Der Mann verstarb sehr früh, da er mit seiner Krankheit nicht klar kam.

In unserer Familie feierte man Feiertage nicht besonders, doch an unsere Weihnachtsfeste erinnere ich mich. Mutter strickte das ganze Jahr über unserem Vater die Socken, und zu Weihnachten bekamen wir Kinder ebenfalls Wollsachen geschenkt. Ich erinnere mich an ein Foto, auf dem ich vor dem Weihnachtsbaum mit einer gestrickten Unterhose stehe. Ich fand das Foto immer sehr lustig. Unser Vater schenkte uns immer Tennisschläger mit Federbällen. Diese bekam er alljährlich aus der Fabrik, in der er arbeitete. Wir hatten manchmal so viele, dass wir sie hätten selbst verschenken können. Wir erhielten nicht viele Geschenke und doch waren wir zufrieden mit dem, was wir hatten.

Andere Feiertage, wie Geburtstage etc. wurden meistens unter den Teppich gekehrt. Auch in meinem späteren Leben änderte sich das nicht. Ich glaube, der erste Geburtstag, den ich richtig feierte, war mein Vierzigster und das auch nur aus innerer Unzufriedenheit. Mein damaliger Ehemann war stets sehr sparsam, doch ging es um ihn, wurde nicht aufs Geld geachtet. An meinem Geburtstag schaute er sich ein Fußballspiel an, dessen Eintrittskarte zu der Zeit eine Menge Geld kostete. Ich war wütend, dass er keine Rücksicht auf meinen Geburtstag genommen hatte und dieses Fußballspiel wichtiger war als ich. So veranstaltete ich eine Party zu Hause, die mindestens das gleiche kostete, wie die Karte für sein Fußballspiel. Unschön an dieser Sache war einzig und allein die Tatsache, dass ich sehr betrunken war, als er nach Hause kam.

Zurück zu meiner Kindheit, in der sich mehr negative als positive Dinge ereigneten. Aus diesem Grund habe ich einen großen Teil meiner Kindheit aus meinem Gedächtnis verdrängt. Langsam kehren die positiven Dinge allerdings zurück, und manchmal lächele ich so vor mich hin, wenn ich an verschiedene Sachen denke. Heute weiß ich, dass man nichts verdrängen, sondern verarbeiten soll, und das tue ich, indem ich viel schreibe

Während meines Kuraufenthaltes machten wir einmal eine tolle Übung. Wir sollten einer anderen Person schöne Dinge erzählen, die wir in der Kindheit erlebt hatten. Ich schwöre, ich wusste nichts zu berichten. Die Person, die mich fragte, redete mir immer wieder zu und sagte: „Hör mal Marie, du musst doch etwas wissen." Ich hatte meine komplette Kindheit verdrängt.

Bewusst war und ist mir noch heute der Zeitpunkt als ich meine Mutter verlor. Ich hab mich über Gott und die Welt geärgert, bin auch niemals mehr zur Kirche gegangen, außer ich musste aus irgendwelchen Gründen. Ich war so wütend auf „den" da oben, schließlich hatte er mir meine Mutter genommen.

Es war einfach nicht fair und mein Leben wurde von dann an erst richtig schwierig.

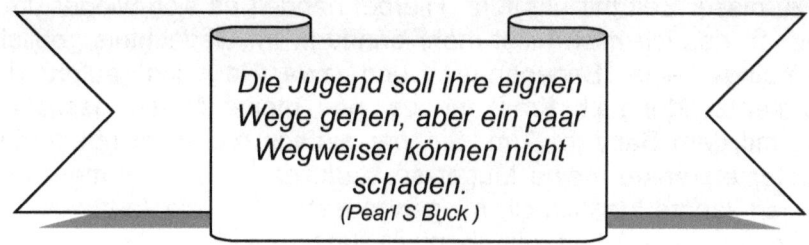

Die Jugend soll ihre eignen Wege gehen, aber ein paar Wegweiser können nicht schaden.
(Pearl S Buck)

Meine Jugend

Ich war 12 Jahre alt als mein Vater ein Haus in einem anderen Dorf kaufte. Dort kam auch später mein Bruder auf die Welt. Nach der Geburt meines Bruders ließ sich meine Mutter sozusagen „hängen". Heute weiß ich, dass sie an einer Geburtsdepression litt. Zwei Jahre lang sperrte sie sich in einem Zimmer ein und tat überhaupt nichts mehr. Kümmerte sie sich nicht um den Kleinen, tat ich es. Ich habe Windeln gewaschen und den Haushalt erledigt, Vater und meine große Schwester versorgt.

Meine Eltern stritten ständig, meine Schwester ging dem aus dem Weg, und ich spielte Aschenputtel. Das Wort Scheidung fiel öfters, und ich hatte natürlich große Angst, dass meine Eltern sich trennten. Im Alter von ein paar Monaten erkrankte mein Bruder an Leukämie. Er war ein Jahr in einer Klinik und wurde anschließend als geheilt entlassen. Wir besuchten ihn fast jeden Tag in die Klinik, und ich kann nicht mehr hundertprozentig sagen, ob meine Mutter zu dieser Zeit mit uns fuhr. Hierbei handelt es sich wieder um etwas Erlebtes, an das ich mich nicht mehr erinnere. Im Gedächtnis geblieben ist mir allerdings eine Begebenheit, und zwar lag ich aufgrund einer Blinddarmentzündung im Krankenhaus, und meine Mutter besuchte mich weinend mit dem Baby im Arm. Sie war einfach mit allem überfordert. Ein Jahr später erkrankte meine Mutter so stark, dass sie nicht mehr allein für sich sorgen konnte, und ich sie pflegen musste. Über ein Jahr wusch ich sie und verrichtete jede Arbeit, die ebenfalls dazu gehört. Zu dieser Zeit war ich 13 Jahre alt.

Als ich 14 Jahre alt war, verstarb meine Mutter an Krebs. Meiner Meinung nach hatte sie allen Lebensmut verloren. Zwei Jahre lang sperrte sie sich praktisch nach der Geburt meines Bruders in ein dunkles Zimmer ein und lebte am Leben vorbei. Meiner Ansicht nach entwickelte sich aus diesem Grund auch ihre spätere Krankheit. Sie verstarb mit nur 43 Jahren. Ich erinnere mich daran, dass ich meine Mutter nach ihrem Einschlafen nicht mehr sehen durfte, was ich heute nach wie vor nicht gut finde. Man sollte Abschied nehmen dürfen, ansonsten hat man im späteren Leben ständig Probleme mit dem Abschiednehmen. Auf jeden Fall war es nicht leicht für uns, als meine Mutter nicht mehr bei uns war. Ich ging ab und an arbeiten und zur Schule. Meine Schwester beharrte darauf, die Schule weiter zu besuchen, mein Vater arbeitete ebenfalls. So musste eine Entscheidung getroffen werden, wer den Kleinen versorgen würde.

Ich brach meine Lehre zur Verkäuferin ab und blieb mit 14 Jahren zu Hause, führte weiter den Haushalt, ging später mit meinem Bruder zur Schule und erledigte all die Dinge, die täglich anfielen. Ich kochte, putzte und spielte sozusagen ab diesem Zeitpunkt „Mutti". Meine „Freundinnen verspotten mich, liefen an unserem Haus vorbei und schrien: „Putzen macht Mut". All das war nicht sehr schön für mich. Schon immer wurde ich aufgrund meiner roten Haare und meiner Brille verspottet und nun auch noch, weil ich das tat, was bei anderen in meinem Alter die Mütter erledigten. Kinder können grausam sein. Im späteren Leben habe ich dann auch gespürt, wie grausam Menschen wirklich sein können.

Ich fühlte mich ähnlich wie Aschenputtel. Die Faule, die den Haushalt schmiss und Vater, Schwester und Bruder versorgte. Dass diese zu frühe Verantwortung, die ich damals trug, mein späteres Leben prägen würde, konnte ich zum damaligen Zeitpunkt nicht wissen, und meinem Vater war dies ebenfalls nicht bewusst. Ihm war es wichtig, dass es ihm gut ging, obwohl ich heute der Ansicht bin, es ging ihm gar nicht so gut. Er wollte sich einfach versorgt wissen, und so übernahm ich ohne Zögern die Rolle meiner Mutter. Zu dieser Zeit stand für mich fest, dass dies der richtige Weg war, obwohl ich meine Jugend damit aufgab.

Mein Bruder wuchs heran, hatte aber einige Schwierigkeiten, da er außer meiner Person keinen weiteren Menschen hatte. In der Schule gab er sein Bestes, doch später fanden wir heraus, dass er an Dyslexie litt. Hierbei handelt es sich um eine Krankheit, bei der man sozusagen „die Buchstaben durcheinander bringt". Mittlerweile hat er diese Schwäche gut im Griff, schreibt fast fehlerlos, und ich bin sehr stolz auf ihn.

Bis jetzt hat er sein Leben überhaupt wunderbar gemeistert. Seit seinem 15. Lebensjahr betreibt er Judo. Durch seine Krankheit hatte er zu einem gewissen Zeitpunkt Schwierigkeiten, Prüfungen zu bestehen, wenn sie schriftlich waren. Damals kam er zu mir und erzählte viel davon. Ich riet ihm, nicht aufzugeben, und seine Schwierigkeiten vor Ort zu erklären. Zum Glück tat er dies. Heute hat er den schwarzen Gürtel und unterrichtet mit sehr viel Feingefühl Kinder und Erwachsene. Vor einiger Zeit schaute ich ihm beim Training zu. Ich glaube so stolz, wie in diesem Moment, war ich noch nie auf ihn. Es war ein schönes Gefühl.

All die Jahre gab ich mein Bestes, um aus meinem Bruder etwas Ordentliches zu machen, was nicht einfach war, da ich zu der Zeit selbst noch ein Kind war. Egal, wohin ich gehen wollte, ich musste den Kleinen mitnehmen. Für ein junges Mädchen war so etwas schon sehr anstrengend.

Verabredungen mit Freunden oder Tanzen am Nachmittag, so etwas konnte ich vergessen. Meine Schulfreundinnen lästerten oft über mich und schienen sich pausenlos zu amüsieren, während ich den Haushalt schmiss, auf meinen Bruder aufpasste und meinen Vater versorgte.

Mein Vater fühlte sich in dieser Zeit wohl sehr einsam, denn er war krampfhaft auf der Suche nach einer neuen Frau. Aus diesem Grund blieb nur wenig Zeit für uns Kinder. Wir Kinder mussten uns durchschlagen, die kleine Marie sorgte für alles, und meine große Schwester lernte fleißig und hielt sich von allem fern. Noch heute zieht sie sich aus brenzligen Situationen heraus.

Eines Tages lernte unser Vater eine recht liebe Frau kennen. Ich verstand mich auch gleich sehr gut mit ihr, doch leider war sie schwere Alkoholikerin und verheiratet. Ich kann nicht mehr sagen, wie lange die beiden zusammen waren. Eines Tages war es zu Ende und trotz aller Schwierigkeiten behaupte ich heute noch, dass mein Vater diese Frau sehr geliebt hat.

Mein Bruder hasste die Freundin meines Vaters und wie er mir später berichtete, hatte er auch einen guten Grund dafür. Sie schmiss ihn immer aus dem Bett und forderte ihn auf, für sie Alkohol zu besorgen. Verständlich, dass er sie nicht mochte. Noch heute macht mir mein Bruder Vorwürfe, ich hätte nicht genügend auf ihn aufgepasst. Anscheinend realisiert er noch immer nicht, dass ich zu der damaligen Zeit ebenfalls ein Kind war, obwohl ich mehrfach versucht habe, ihm diesen komplexen Sachverhalt zu erklären.

Ab und an schaffte ich es, nachmittags zum Tanzen zu gehen und lernte auf diese Art und Weise auch meine erste große Liebe kennen. Er war Franzose, ich noch jung und ziemlich unerfahren. Unsere Beziehung war ein ewiges Hin und Her. Mal war er mit mir, mal mit einer anderen Frau. Seine Mutter hätte gerne eine Ehe zwischen uns gesehen, aber er war ein fauler Kerl und ging nie arbeiten. Diese Sachlage verstand ich dann wohl doch und irgendwann war unsere Beziehung vorbei. Zu einem späteren Zeitpunkt wurde er aus dem Land verwiesen. Bis heute ist mir der Grund hierfür nicht bekannt. Wahrscheinlich war es besser so. Anschließend fiel ich dann auf einen Typen herein. an dessen Aussehen ich mich heute noch nicht einmal mehr erinnere. Das einzige, woran ich mich erinnere, dass er mich in eine Ecke schliff und vergewaltigte. Ein Erlebnis, das mir heute noch zu schaffen macht. Außer meinem zweiten Mann habe ich nie einem Menschen etwas davon erzählt. Nachdem er mir keinen Glauben schenkte, erzählte ich auch ihm nie wieder etwas. Oft hatte ich Alpträume, wurde oft weinend am Morgen wach, doch meinen Mann störte das nicht. Ehrlich gesagt war ihm überhaupt alles völlig egal. Meine Bilanz im Alter von 14 Jahren: ohne Mutter, vergewaltigt, keinen Ansprechpartner und viel zu viel Verantwortung.

Einige Zeit später lernte mein Vater eine weitere Frau kennen, die selbst zwei Kinder hatte. Sie heirateten, was in meinen Augen ein großer Fehler war. Vor seiner zweiten Hochzeit war er sehr aufgeregt und ich sehe ihn noch heute vor mir stehen. Er zündete sich zwei Zigaretten gleichzeitig an, steckte sich in jeden Mundwinkel eine. Das sah sehr lustig aus und ich musste damals herzlich lachen. Ich wünschte ihm alles erdenkliche Glück dieser Welt, doch leider kam alles anders.

Vier oder fünf Jahre nach dieser Heirat verstarb mein Vater. Er bekam Leukämie und litt an Depressionen. Auf dem letzten Foto, das ich von ihm besitze, fällt mir heute auf, dass er sehr traurig aussah, als Kind bemerkt man diese Dinge nicht so und selbst wenn, kann man leider nichts tun. Außerdem bemerkte ich all diese Sachen auch erst nach meiner eigenen Krankheit, als ich wieder sehen konnte, was um mich herum geschah.

Diese Frau hatte meinen Vater jedenfalls mit ihrem Egoismus und ihrer Dominanz kaputt gemacht. Er war so ein lieber Mensch, leider viel zu gutmütig. Ich vermisse ihn noch heute. Er ließ sich von ihr unterdrücken und ist sozusagen daran zerbrochen. Mittlerweile fand ich sogar heraus, dass auch mein Bruder sehr unter der Dominanz dieser Frau litt. Sie nutzte einfach jeden Menschen schamlos aus, vertrieb uns aus dem Haus, indem sie Platz für ihre eigenen Kinder schaffte. Ihre Tochter war mit einem Mann verheiratet, der nichts auf die Reihe bekam, sie hatten einen Sohn, und wohnten bei uns. Aus diesem Grund war für mich und meine Geschwister kein Platz mehr. Mein Vater ging arbeiten und gab sich selbst vollkommen auf. Als mein Bruder erwachsener wurde und mein Vater wiederverheiratet war, konnte auch ich endlich arbeiten gehen und mein Geld verdienen. Damals war ich in dem Glauben, es sei zu spät für eine erneute Lehre Heute denke ich anders darüber, denn es ist niemals zu spät.

Ich kann mich an einen Streit erinnern als ich im 5. Monat schwanger war. Die Frau meines Vaters schmiss mir damals an den Kopf ich möge mit meinem Bastard im Bauch hingehen wo ich hergekommen wäre und versetzte mir einen kräftigen Stoß. Hätte mein Vater mich nicht aufgefangen, ich weiß nicht, was passiert wäre. Ich verließ anschließend dieses Haus.

Meine erste Arbeitsstelle war in der Kantine einer Fabrik, in der auch mein Vater arbeitete. Ich arbeitete dort gerne und kam auch mit den Kollegen gut zurecht. Nur die Frau meines Chefs konnte mich nicht ausstehen, warum auch immer. In dieser Kantine lernte ich meinen ersten Mann kennen, einen ganz feschen Kerl. Er sah gut aus, und ich verliebte mich in ihn. Ehe wir heirateten, waren wir drei Jahre zusammen. Mein Vater verstand sich nie so gut mit ihm und warnte mich immer, doch ich mit meinem Dickkopf heiratete ihn trotzdem. Anschließend hörte ich auf in der Kantine zu arbeiten, da die Frau meines Chefs mich des Diebstahls verdächtigte. So etwas kann ich nicht vertragen, ich habe nie jemandem etwas genommen, habe eher gegeben, was auch nicht immer gut ist.

Schnell fand ich erneut eine Arbeitsstelle in einem Waschsalon. Diese Arbeit machte mir auch Spaß und war außerdem sehr praktisch. Ich wohnte mit meinem Mann über dem Geschäft und war in 5 Minuten bei der Arbeit. Mein damaliger Chef war schwerer Alkoholiker und kümmerte sich fast um nichts. Ich schmiss den ganzen Laden, und er kam meistens betrunken am Abend, um die Kasse abzuholen. Nach drei Jahren bat ich um eine Gehaltserhöhung, da ich der Meinung war, es verdient zu haben, aber mein Chef war nicht einverstanden. So kündigte ich, drei Monate später war er pleite. Damals bot er mir noch an, das Geschäft zu übernehmen, doch ich dumme Gans hatte einfach zu viel Angst vor Schulden. Manchmal trifft man gute Entscheidungen, manchmal schlechte. Wie bereits erwähnt, auch so einer Situation würde ich heute anders begegnen. Ich bin der Ansicht, eine große Chance verpasst zu haben.

Heute habe ich zum Glück meine eigene Meinung und bestimme eigenständig über mein Leben. Ich mache immer nur das, was ich für mich als gut und richtig empfinde, andere Meinungen oder Ratschläge sind mir eigentlich ziemlich egal. Ich höre mir die Meinungen andere an, nehme aber davon nur auf, was ich für mich als richtig empfinde. So lasse ich mir nicht sagen, wie ich meinen Haushalt führen oder wie ich meine Katze füttern soll. Derartige Bevormundung ertrug ich mein ganzes Leben lang. Heute bin ich nicht mehr manipulierbar, außer wenn ich es zulasse. Damals wurde ich gelebt und wäre fast daran gestorben.

Mit 21 Jahren heiratete ich also zum ersten Mal. Gemeinsam unternahmen wir sehr viele Reisen und unsere Hochzeitsreise verlebten wir auf den Bahamas. Mein Mann betrog mich schon vor unserer Ehe, und obwohl ich es ahnte, schaute ich immer wieder weg, wollte es einfach nicht wahr haben. Wir hatten viele Freunde, meistens handelte es sich hierbei aber um weibliche Freunde und lange Zeit glaubte ich es wären meine Freundinnen. Irgendwann fand ich dann zufällig heraus, dass mich mein Mann mit meinen Freundinnen betrog. Ich stellte ihn zur Rede, er stritt alles ab. Aus Rache betrog ich ihn dann auch, doch irgendwie war das nicht mein Ding.

Ich erinnere mich noch gut an eine Szene. Es war an einem Silvesterabend. Ich wollte ausgehen, mein Mann war dagegen. Er erklärte mich für krank und war der Meinung, ich sollte einen Arzt aufsuchen. Er wollte, dass ich eine Krankmeldung erhalte und somit wäre mir das Ausgehen nicht erlaubt gewesen. Ich ging tatsächlich zum Arzt, erhielt eine Krankmeldung, zerriss sie vor der Praxistür und ging ohne meinen Mann an diesem Abend aus.

In diese Zeit fällt auch mein erster Kuraufenthalt, den ich verschrieben bekam, da ich quasi am Ende war. Mein Arzt bezeichnete mich als apathisch. Während dieser Kur lernte ich einen Mann kennen. Er sah nicht besonders gut aus, war aber sehr charmant und ein Schönredner vor dem Herrn. Ich fiel komplett auf ihn herein und wollte meinen Mann verlassen. Mein Vater und sogar meine Schwester besuchten mich und redeten mir zu. Sogar meine damalige Schwiegermutter, eine ganz liebe Person, suchte das Gespräch mit mir, doch ich verließ meinen Mann und zog zu dem anderen, was - wie mir mein Vater bereits im Vorfeld prophezeite - ein großer Fehler war. Es erfolgte die Scheidung, über die mein damaliger Mann sehr wütend war.

Bekanntlich lernt man aus Fehlern und Erfahrungen muss jeder machen. All diese Dinge benötigt man im späteren Leben.

Trotz allem habe ich auch schon Menschen kennengelernt, die nichts dazu gelernt haben und das aus dem einfachen Grund, weil sie die meisten Dinge lieber verdrängen.

Auch ich habe in meinem Leben viel dazu gelernt. Zum Beispiel bin ich nie wieder von einer Beziehung in die nächste gesprungen, denn so etwas geht normalerweise nicht gut aus. Eine Beziehung muss man vollends beenden, auch im Inneren. Schnell ist gesagt: Es ist aus oder vergiss mich. Wörter sind geduldig. Ich weiß aus eigener Erfahrung, dass man nicht so schnell vergisst, wenn man wirklich geliebt hat und komme später noch genauer auf dieses Thema zurück.

Am Anfang ging in meiner neuen Beziehung alles gut bis ich eines Tages schwanger wurde, obwohl mir von drei Ärzten gesagt wurde, dass ich keine Kinder bekommen könnte. Aus diesem Grund verhüteten wir auch nicht. Als ich im 3. Monat schwanger war, erkannte ich, dass dieser Mann nicht fähig war, Vater zu sein, und ich verließ ihn. Nun stand ich da. Ohne Arbeit, kein Geld, eigentlich nur mein Baby im Bauch. Wir waren ganze 7 Monate zusammen und er behauptete ständig, nicht der Vater des Ungeborenen zu sein, was ihm - soweit ich weiß - wohl seine Eltern eingeredet hatten. Würde er heute unseren Sohn sehen, könnte er diese Aussage nicht mehr treffen, denn rein äußerlich ist mein Sohn genauso wie sein Papa, nur hat er einen besseren Charakter. Er hat ja auch nie mit seinem Vater zusammengelebt. Bekanntlich leben die Kinder die Personen nach, mit denen sie zusammenleben. Mein Sohn hat mich immer nachgelebt, obwohl ihm das heute noch nicht bewusst ist.

Nachdem ich mich also schwanger trennte, fand ich durch meinen Arzt eine Unterkunft in einem Mütterheim, in dem ich bis zu der Geburt meines Sohnes bleiben konnte. Während dieser Zeit suchte ich mir eine eigene Wohnung und eine Arbeitsstelle. Meine Schwangerschaft verlief schwierig. Ich hatte ständig Frühwehen und war dadurch öfter im Krankenhaus. Ich denke mal, dass dies auch an meinem psychischen Zustand lag.

Als ich 27 Jahre alt war kam mein Sohn zur Welt. Ein blonder Engel mit blauen Augen. Etwas, das ich mir während meiner Schwangerschaft gewünscht hatte, ging in Erfüllung. Mein Kind sollte blonde Haare und blaue Augen haben. Die Geburt umfasste 20 Stunden. Anscheinend wollte mein Sohn bei mir bleiben, doch schlussendlich wurde er mit der Saugglocke auf die Welt gebracht.

Drei Monate nach der Geburt meines Sohnes lag ich mit starken Blutungen zu Hause und wusste nicht, was ich tun sollte. Ich konnte nicht zum Arzt und mein Kind einfach alleine lassen. Abgesehen davon war ich gar nicht in der Lage, irgendetwas alleine zu unternehmen. So rief ich meinen Vater an, doch er hatte keine Zeit für mich - wie immer! Ich kontaktierte meine Schwester, die mir mitteilte, ich hätte mir die Suppe eingebrockt und sollte sie nun auch auslöffeln. In meiner ganzen Not rief ich meinen Exmann an. Er kam, brachte mich in die Klinik und versorgte meinen Sohn in der Zeit meiner Abwesenheit. Zu diesem Zeitpunkt versuchten wir beide es nochmals miteinander, doch es funktionierte nicht. Trotz allem bin ich ihm heute noch für seine Hilfe dankbar, die er mir damals anbot. Meinem Vater und meiner Schwester konnte ich diesbezüglich nie so richtig verzeihen. Wenigstens entschuldigen hätten sie sich können, doch auch dies ist nie geschehen.

Mir wurde durch viele liebe Menschen geholfen, die ich nie vergessen werde, obwohl leider der Kontakt abgebrochen ist. Meine so genannte Familie ließ mich im Stich, da ich ja ein Kind, aber keinen Vater dazu hatte. So etwas gehört nicht in die Gesellschaft. Das alles war nicht normal. Ich fragte meine Schwester damals, ob sie Patin für meinen Sohn werden wollte, und sie antwortete mir, es sich überlegen zu wollen. Diese Antwort fand ich sehr traurig, denn mein Kind konnte ja nicht für die Dummheiten, die sein Vater und ich gemacht hatten. Als der Zeitpunkt der Taufe nahte, sagte meine Schwester dann doch zu, wieso auch immer. Mein Vater wurde ebenfalls Pate und war sehr stolz auf seinen ersten Enkel. Leider verstarb er 8 Monate später und konnte seinen ersten Enkel somit leider nicht heranwachsen sehen. Für meine Kinder war es oft schwer, ohne Großeltern aufzuwachsen, doch daran konnte ich leider nichts mehr ändern!

Mein Vater hatte Leukämie, was mir aber nie gesagt wurde, und sein Tod wurde mir durch eine unmenschliche Art beigebracht. Meine Stiefmutter rief mich an und sagte mir nur, es sei etwas mit meinem Vater, woraufhin ich in die Klinik fuhr. Als ich sein Krankenzimmer betrat, sah ich als erstes meine Schwester und ihren Mann und dann meinen Vater. Er hatte mich verlassen, ohne einen letzten Tanz mit mir zu tanzen. Ich glaube, es war der schlimmste Tag in meinem Leben.

Heute ist mein Sohn 28 Jahre alt und hat seinen leiblichen Vater nie kennengelernt. Als er 15 Jahre alt war erzählte ich ihm die Wahrheit, dass mein derzeitiger Mann nicht sein leiblicher Vater war. Diese Tatsache tat meinem Sohn sehr weh. Er stand vor mir, schluckte schwer und unterdrückte seine Tränen. Ich fand es wichtig, dass er die Wahrheit erfuhr. Bis heute hat er nicht mal nach seinem leiblichen Vater gefragt. Ich habe ihm zwar einiges von ihm erzählt, aber viel zu erzählen gab es sowieso nicht. Vor einiger Zeit habe ich gehört, dass er verstorben ist. Ich weiß nicht, ob diese Geschichte wahr ist. Wenn es wahr ist, ist er wahrscheinlich an seiner Alkoholsucht oder durch Drogen gestorben, denn das alles prägte sein Leben. Ich dagegen kam für all unsere Schulden auf und zog unseren Sohn alleine groß, was nicht immer einfach war.

Nach dem Tod meines Vaters war mein Bruder somit Vollwaise. Unser Elternhaus sollte verkauft werden und mein Bruder, damals 14 Jahre alt, musste irgendwo leben. Meine Schwester offenbarte mir damals, er müsse in ein Heim, wenn ich ihn nicht nehmen würde. Sie war mittlerweile auch verheiratet. Ihr Mann war nett, doch oft fragte ich mich, ob sie selbst diese Entscheidungen mir gegenüber traf oder er. Ich weiß es bis heute nicht so recht. Das einzige, was ich sicher weiß, ist die Tatsache, dass ihr Mann gerne Perfektionist wäre oder sein wollte. Doch leider gibt es keinen perfekten Menschen. Das müsste er sich mal eingestehen. Auch er sucht nur die Fehler bei anderen, anstatt bei sich zu beginnen.
Letztendlich nahm ich also meinen Bruder zu mir, obwohl ich nur eine sehr kleine Wohnung mit meinem Sohn teilte. Meine Schwester dagegen wohnte in einem Haus und hätte genügend Platz gehabt, ihn bei sich aufzunehmen.

Stattdessen kümmerte sie sich um die administrativen Dinge, das heißt um die finanziellen Angelegenheiten. Sie wurde sein Vormund, und ich hatte wie immer die Arbeit. Ich erinnere mich, dass es oft Streitereien um Geld gab, welches mir für meinen Bruder eigentlich zustand. Ich habe meine Schwester auf diese Dinge später einmal angesprochen. Angeblich weiß sie von alldem nichts mehr. Sie hat es verdrängt oder nicht wissen wollen?

Während meiner zweiten Scheidung hatte ich noch einmal telefonischen Kontakt mit meinem ersten Exmann. Wir sprachen eine lange Zeit miteinander und irgendwann fragte ich ihn, ob wir uns treffen könnten, doch er hatte Angst, er würde sich wieder in mich verlieben. Aus diesem Grund meldete er sich nach diesem Gespräch nie wieder bei mir. Schade eigentlich, ich hätte ihn gerne wiedergesehen. Erst wenn man jemanden „verloren" hat, wird einem bewusst, was man an der Person hatte. Aber wer weiß, was noch alles geschieht. Sollten wir füreinander bestimmt sein, werden wir uns auch finden, wenn nicht, dann ist es auch gut. Es gibt Dinge im Leben, die kann man ändern und es gibt Dinge, die man nicht ändern kann. Solange man lebt, kann man etwas ändern, es ist nur die Frage, wer den ersten Schritt tut. In diesem Fall müsste ich ihn tun, denn ich bin der Ansicht, mein Exmann ist zu feige dazu. Ich bin ein Mensch, der selten aufgibt, und wenn ich etwas will, kämpfe ich auch darum.

Drei Jahre lang lebte ich alleine und hatte ab und zu eine Bekanntschaft. Eines Abends befand ich mich mit einer Freundin in einer Gaststätte, in der getanzt werden konnte. Ein Mann forderte mich zum Tanz auf und es funktionierte zwischen uns auf Anhieb, was mir heute noch sehr wichtig ist, denn Tanzen ist Leben. Wir sprachen an diesem Abend über dieses und jenes und da es mir immer sehr wichtig war, dass meine Bekanntschaften über mich Bescheid wussten, berichtete ich, dass ich einen kleinen Sohn hatte. Während unseres Gespräches fand ich dann heraus, dass dieser Mann auch zwei Kinder hatte. So etwas war mir damals egal. Eins und zwei machte drei, was ich im Nachhinein noch immer sehr bereue.

Die Zeit verging und wir lernten uns und unsere Kinder näher kennen. Eigentlich schien alles in Ordnung zu sein, doch als ich zum ersten Mal seine Wohnung betrat, sah ich, in welch einem Chaos dieser Mann lebte. Heute würde ich sagen, er war ein Mensch ohne Perspektive, doch damals war ich blind und habe ihm geholfen. Finanziell und auch moralisch war er am Ende. Seine beiden Kinder im Alter von 12 und 14 Jahren lebten total verwahrlost. Ich zog durch, was ich mir vorgenommen hatte, nämlich diesem Mann aus seiner Krise zu helfen, was sich später als eine große Dummheit bewies. Ich war halt verliebt und wie ein jeder weiß, hat man in so einer Situation Tomaten auf den Augen.

Ich hatte alle Hände voll zu tun. Kümmerte mich um seine Kinder, um meinen Sohn und um ihn, half ihm überall, wo ich nur konnte. Trotz aller Schwierigkeiten wollte ich ein Kind von diesem Mann, den ich über alles liebte, und nach drei Jahren des Zusammenlebens heirateten wir. Mein Mann wollte eigentlich nicht heiraten und auch kein Kind. Ich denke, geheiratet hat er mich nur, weil ich ihn davon überzeugen konnte, dass ich eine Sicherheit haben wollte. Nach langem Hin und Her verstand er meinen Standpunkt diesbezüglich. Gleich nach unserer Hochzeit wurde ich schwanger, und ich freute mich riesig auf unser Baby. Mein Mann eher nicht. Er tat sich immer schwer mit Entscheidungen. Selbst als ich ihm meinen Wunsch nach einem gemeinsamen Kind mitteilte, überließ er mir mehr oder weniger diese wichtige Entscheidung. Ich schwöre Ihnen, liebe Leser, schaue ich mir heute die alten Fotos von mir und meinem Mann an, glaube ich, er befand sich eher auf einem Begräbnis als auf einer Hochzeit.

Mein Mann war tief in seinem Inneren ein sehr unzufriedener Mensch. Nie war ihm etwas gut genug, egal wie sehr man sich bemühte. Meine beiden Kinder und auch seine litten sehr unter seinem Verhalten. Er war mit uns zusammen, aber eigentlich auch nicht. Alles musste nach ihm gehen, doch so etwas konnte nicht funktionieren. Eine Partnerschaft besteht aus Geben und Nehmen. Man darf nicht verlangen, dass ein Partner funktioniert. Ich habe mein halbes Leben lang funktioniert, und das hat mich kaputt gemacht. Habe immer alles gegeben und nichts zurückbekommen. Und hierbei ist es egal, ob es sich um Liebe oder um materielle Dinge handelt. Ich bekam einfach nichts zurück.

Zurück zu meiner Ehe, die mich fast das Leben gekostet hat. Nach unserer Heirat, damals war ich 32 Jahre alt, kam also mein zweiter Sohn zur Welt. Es war eine wunderbare Geburt. Fast wäre mein Wunschkind im Auto zur Welt gekommen, denn er hatte es sehr eilig, um diesen schönen Frühlingstag genießen zu können. Knapp eine halbe Stunde, nachdem ich im Krankenhaus eintraf, erblickte er schon das Licht dieser Welt. Mein Mann und ich kauften uns ein Haus und arbeiteten anfangs beide, um uns ein neues Leben zu schaffen. Eigentlich lief alles so, wie ich es mir immer gewünscht hatte, nur sah ich wieder einmal nicht, auf was ich hinsteuerte.

Die beiden Kinder meines Mannes waren sehr problematisch. Erstens befanden sie sich beide in der Pubertät, zweitens waren sie beide traumatisiert und wussten nicht recht, wohin sie gehörten. Der Junge stellte ständig etwas an. Mehr als einmal hatten wir die Polizei vor der Tür, weil er entweder geklaut oder irgendetwas anderes Illegales ausgefressen hatte. Das Mädchen dagegen war ernster und bereitete mir eigentlich keine großartigen Sorgen. Sie lernte immer fleißig und hat ihr Leben bis heute ohne viele Zwischenfälle gut gemeistert. Ich bin sehr stolz auf sie, obwohl unser Kontakt nicht so ist, wie ich ihn mir wünsche.

Während unseres Zusammenlebens unterstellte mir mein Mann ständig Dinge, die er selbst zu verantworten hatte, bis ich nur noch funktionierte und das tat, was er wollte. Er redete mir so viel ein, bis ich selbst davon überzeugt war, obwohl ich tief in meinem Inneren wusste, dass ich solche Dinge nie gemacht hatte. Irgendwann zweifelte ich an mir selbst und wusste nicht mehr, was ich denken sollte. So etwas tat er mit vielen Sachen, ob es nun um Geld ging oder um die Kinder. Wenn irgendwo etwas nicht funktionierte, lag es an mir. Ziemlich einfach, immer anderen die Schuld zu geben, wenn man sich nicht eingestehen will, dass man selbst Fehler macht. Doch ein Jeder macht Fehler. Niemand ist perfekt. Man muss in der Lage sein, sich einzugestehen, dass man zwar einiges falsch macht, man muss auf der anderen Seite aber auch sehen, was man richtig macht und stolz darauf sein. Jemand sagte einmal zu mir: „Was mache ich nur falsch?" und ich antwortete ihm: „Du machst nichts falsch, aber auch nicht alles richtig." In diesem Satz steckt viel Wahrheit, wenn man mal darüber nachdenkt.

Die ersten Jahre unserer Ehe waren sehr schön. Wie bereits erwähnt, arbeiteten wir gemeinsam daran, unsere Probleme und die der Kinder in den Griff zu bekommen. Bis zu einem Zeitpunkt, an dem ich mich sehr alleine und überfordert fühlte, da mein Mann sich immer öfter betrank, bis nachmittags im Bett lag und sich außer um seine Arbeit um nichts weiter kümmerte. Ich hatte die Kinder „am Hals" und ging nebenher ebenfalls arbeiten, so dass wir über die Runden kamen. Es gestaltete sich so, dass ich am Nachmittag putzen ging, mein Mann am Abend mit mir ausging und beim Zahlen meistens sagte: „Ach Schatz, ich habe kein Geld dabei, kannst du mal bitte zahlen?" So war mein am Nachmittag verdientes Geld schnell ausgegeben. Benötigten die Kinder etwas zum Anziehen oder auch andere Dinge, war nach Ansicht meines Mannes kein Geld vorhanden, aber zum Trinken war immer genügend da. Wir stritten Immer öfter, vermehrt, wenn wir beide betrunken waren. Leider bekamen unsere Kinder dies alles mit. Heute weiß ich, dass sie sehr unter unserer Trunksucht und unseren Streitereien gelitten haben. Bestände für mich die Möglichkeit, ich würde vieles ungeschehen machen, aber dazu habe ich nicht die Macht.

Meine letzte Arbeitsstelle hatte ich in der Altenpflege und diese Arbeit gab mir anfangs viel, nahm mir aber auch gleichzeitig viel. Ich spürte schnell, dass sich mein Helfersyndrom wieder zeigte und das Ganze mir zu sehr an die Substanz ging. Ich musste mir eingestehen, dass ich fremde Hilfe benötigte, denn von meinem Mann oder meiner Familie hatte ich ja aus Erfahrung nichts zu erwarten. Meiner Familie habe ich ihr damaliges Verhalten verziehen, sie konnten mir nicht helfen, denn sie wussten ja nicht, was in mir vorging. Mein Mann wusste es zwar auch nicht, doch wenn man einen Menschen liebt, lässt man ihn nicht einfach neben sich kaputt gehen.

Hätte ich meinen Mann während unserer Ehe nicht zu einem kompetenten Arzt geschleppt, wäre er wohl heute nicht mehr am Leben. Er stand damals kurz vor einem Herzinfarkt. Dies alles hat er heute vergessen oder auch nicht. Darüber gesprochen hat er nie. Übrigens ist er heute so gut wie am Ende. Er nimmt keine Nahrung mehr zu sich und sieht aus wie 90 Jahre alt, obwohl er erst 60 Jahre alt ist. Seine Kinder sehen das zwar nicht so wie ich, und ich denke, manchmal will man auch verschieden Dinge einfach nicht sehen. Als ich ihn beim letzten Mal sah, erkannte ich ihn jedenfalls fast nicht wieder. Ein Mann, der mit 45 Jahren wirklich gutaussehend war, ist heute ein absolutes Wrack. Ich glaube, auch den Grund dafür zu kennen. Mein Mann teilte sich nie jemandem mit. Ich habe 25 Jahre lang versucht, ihn zu bewegen, sich helfen zu lassen, aber er wusste es ja immer besser. Sogar mein ältester Sohn versuchte, an ihn heranzukommen und bat ihn, sich doch helfen zu lassen. Er hat es nicht getan. Als ich damals am Ende war, ließ er mich kaputt gehen. Heute widerfährt ihm dasselbe. Er glaubte ja, alles käme wieder in Ordnung, wenn er wieder heiraten würde. Doch seine neue Frau wird ihm das geben, was er mir gab. Im Übrigen hat er sich eine Frau gekauft. Ach, muss Liebe schön sein. Sie trampelt auf seiner Seele herum, so wie er es mit mir gemacht hat.

All diese Dinge, die ich hier aufschreibe, sind nur meine Meinung. Beweisen kann ich nichts, doch man bekommt immer das zurück, was man selbst gegeben hat. Die neue Frau in seinem Leben will nur sein Geld, ich dagegen wollte nur sein bestes. Leider hat er das alles nicht geschätzt, sondern mich nur ausgenutzt. Soweit ich weiß, hat er nie Positives an andere weitergegeben. Weder an seine Kinder, geschweige denn an mich. Seine Kinder, zumindest unser gemeinsamer jüngster Sohn und seine Tochter, suchen ihn noch heute auf, aber von ihm kommt nicht viel zurück, soweit ich weiß. Ich freue mich für jeden, wenn es sich anders entwickeln würde, aber ich sehe das eher negativ. Er wollte ja nicht hören, und wer nicht hören will, muss fühlen. Seine Tochter fand heraus, dass er anscheinend eine schwere Kindheit hatte, das Erlebte verdrängte, anstatt darüber zu sprechen. All diese

Dinge wurden mir erst nach der Scheidung mitgeteilt. Es wiederholt sich immer alles im Leben.

Heute betreibt er ein Café/Restaurant und ich muss sagen, ein sehr schönes noch dazu, in dem man sehr gutes Essen bekommt. Obwohl er mir und meinen Kindern viel angetan hat, wünsche ich ihm alles Gute dieser Welt. Allerdings werde ich ihm nie verzeihen, dass seine Kinder, an den Dingen, die er ihnen angetan hat, womöglich ihr Leben lang zu knabbern haben. Wie gesagt wurde er in seiner Kindheit verletzt, doch gibt ihm dies noch lange nicht das Recht, andere Menschen ebenfalls zu verletzen.

Als ich damals bemerkte, dass es mir in unserem Zusammenleben immer schlechter ging, eröffnete ich meinem Mann, dass es an der Zeit war, dass ich mich um mich selbst kümmerte. Seine Reaktion auf mein Gesagtes war die Tatsache, dass er mir das Konto sperren ließ. Er hatte einfach Angst, ich würde ihm sein Geld nehmen, doch so etwas lag ganz bestimmt nicht in meiner Absicht. Ich wollte nur mehr Zeit für mich haben und ein wenig mehr auf meine Gesundheit achten. All diese Dinge ereigneten sich im Jahr 2004, und es war ein sehr schlimmes Jahr für mich. Mein Mann gab mir nur durch Nachdruck Zugang zum Konto, das heißt, ich ging zu einem Anwalt und mit einem Brief von dessen Seite war diese Angelegenheit dann erledigt.

Ich überlegte mir, wieder arbeiten zu gehen und fand eine Arbeit im sozialen Bereich. Sie machte mir Spaß, und ich war der Meinung, mit dieser Arbeit auch unabhängiger zu sein. Die alten Menschen, mit denen ich arbeitete, mochten mich, da ich ein Mundwerk hatte, das heute noch nicht so leicht zum Schweigen zu bringen ist. Ich wusste immer etwas zu erzählen.
Das Negative an dem ganzen war allerdings die Tatsache, dass mir zu Hause weiterhin niemand etwas abnahm. Mein Mann trank immer mehr, meine Kinder wurden immer unzufriedener. Mein Ältester zog sich ständig in sein Zimmer zurück und erledigte nur noch die Dinge, die er machen musste. Ich redete mit ihm zu, zum Psychiater zu gehen und erklärte es ihm so, dass ich der Ansicht war, er benötige einen männlichen Ansprechpartner, da sein Vater selten präsent war. Nach Besuch eines Psychiaters ging es ihm zeitweise wieder besser.

Meinen Jüngsten musste ich vor der so genannten Computersucht retten. Er verbrachte seine freie Zeit nur noch mit einem Computerspiel und vergaß das Essen und Duschen. So war Streit mit ihm vorprogrammiert, doch irgendwann hatte er ein Einsehen. Mein Mann kümmerte sich außer um sich selbst um absolut nichts. Die beiden Ältesten, also seine Kinder, verschwanden langsam aber sicher aus dem Haus, was ich durchaus nachvollziehen konnte, denn manchmal drohte man in dieser Atmosphäre zu ersticken. Mein Mann und ich stritten ständig.

Ich erinnere mich an einen Satz, den mein Jüngster irgendwann äußerte. Er muss 12 oder 13 Jahre alt gewesen sein und sagte zu mir: „Diese Statue, die da sitzt, die kenne ich nicht mehr." Damit meinte er seinen Vater, denn dieser saß nur noch vor dem Fernseher, ging arbeiten und nach der Arbeit direkt in die Kneipe. Die letzte Zeit unseres Zusammenlebens ging ich nicht mehr mit ihm in die Kneipe, ich konnte ihn kaum noch ertragen. Während seiner Abwesenheit schluckte ich abends meine Tabletten, trank ein paar Glas Rotwein und hatte wenigstens meine Ruhe.

Eines Tages fragte mich mein Jüngster, ob er mit einigen Freuden auf unserer Wiese zelten dürfte. Ich hatte nichts dagegen. Mein Mann ging wieder trinken, und ich verzog mich ins Bett mit meinen Tabletten. Am nächsten Morgen stand ich auf und wollte arbeiten gehen, ging vor die Tür, sah das Zelt auf der Wiese liegen, stellte mir die Frage, was wohl geschehen war und lief ins Zimmer meines Sohnes. Seine Bettdecke war fort und von ihm fehlte ebenfalls jede Spur. Ich versuchte ihn telefonisch zu erreichen, er antwortete mir nicht. Ich musste zur Arbeit und konnte mich nicht mehr kümmern. Später rief mich mein Sohn an und eröffnete mir, nicht mehr nach Hause zu kommen, da sein Vater verrückt sei. Ich fragte ihn, was vorgefallen war und er berichtete, sein Vater habe ihn und einige seiner Freunde im betrunkenen Zustand mit einem Knüppel angegriffen. Hätte der Junge sich nicht gewehrt, hätte er ihn sicher erschlagen. Ich redete ihm zu, nach Hause zu kommen, da sein Vater nachmittags arbeiten ging, und gab ihn anschließend für eine Woche zu seiner Schwester, bis die Situation sich beruhigt hatte. Anschließend knöpfte ich mir meinen Mann vor und schaffte es immerhin, dass dieser sich bei seinem Sohn entschuldigte.

Nach all dem Erlebten war ich irgendwann wieder einmal vollkommen am Ende meiner Kraft und rief meinen Bruder an, der sich liebevoll um mich kümmerte, soweit er dies konnte. Sein Verhalten werde ich ihm niemals vergessen. Mir war bewusst, eine Entscheidung treffen zu müssen, traf sie jedoch nicht und ließ leider alles weiter geschehen. Mit dem Wissen von heute ist mir vollkommen bewusst, schon damals hätte ich meinen Mann verlassen müssen.

Eines Tages erlitt mein ältester Sohn einen schweren Autounfall. Er war gemeinsam mit seinem Vetter zum Schwimmen gefahren und kollidierte auf dem Rückweg frontal mit einem anderen Wagen. Meine Schwester informierte mich und begleitete mich auch zum Unfallort. Mein Sohn wurde bei dem Aufprall aus dem Auto hinausgeschleudert. Mich unter Schock befindend stand ich fassungslos vor dem schwer beschädigten Wagen und rief meinen Mann an. Er arbeitete, und ich war in dem Glauben, er würde zu mir kommen und mich unterstützen. Ich weiß nicht mehr, was er antwortete, ich weiß nur eins, er hatte nichts Besseres zu tun als nach der Arbeit trinken zu gehen. Immer wenn es darauf ankam, ließ er mich alleine. So saß ich die halbe Nacht mit meiner Schwester im Krankenhaus, bis ich etwas über den Zustand meines Sohnes erfuhr. Zum Glück war alles nicht so schlimm, wie es am Anfang ausgesehen hatte, doch trotzdem war ein längerer Krankenhausaufenthalt nicht zu umgehen. Mein Mann stattete nicht oft Besuche dort ab. Er überließ wie immer alles mir. Dieses Jahr 2004 werde ich wohl nicht so schnell vergessen.

Zwei Jahre später, im Jahr 2006, trat ich meine erste Kur an, fand in dieser Klinik wieder einen neuen Lebensrhythmus und zog meine Therapie komplett durch, obwohl es mir manchmal schwer fiel. Die ganze Zeit über dachte ich an meine Kinder, dies gab mir immer wieder Mut. Zeit zum Nachdenken war genügend vorhanden, und so war ich in der Lage, meine Gedanken langsam, aber sicher zu ordnen. Nach drei Monaten in dieser Klinik wurde mir klar, dass es nur einen Weg für mich gab. Ich musste mich von meinem Mann trennen.

Zu Hause wieder angekommen reichte ich sofort die Scheidung ein und setzte meinen Mann quasi vor die Tür, was gar nicht so einfach war. Er wollte keinesfalls gehen, redete etwas von Liebe und so weiter. Dabei wusste und weiß er noch heute gar nicht, was lieben ist. Als er endlich aus dem Haus war, lebte ich mit meinen Söhnen dort alleine. Mein Jüngster rebellierte und war gegen meine Entscheidung, mein ältester Sohn war nur traurig, doch nichts half. Ich blieb bei meinem Entschluss. Schon in früheren Zeiten war mein jüngster Sohn schwierig. Er lebte mehr das Leben seines Vaters nach und wollte somit irgendwann auch die Vaterrolle übernehmen. Als er eines Tages während eines Streits die Hand gegen mich hob, schmiss ich auch ihn aus dem Haus.

Durch all diese Vorfälle und diesen permanenten Stress mit Scheidung und dergleichen bekam ich nun doch nicht die Kurve ins normale Leben. Mein ältester Sohn ermöglichte mir noch eine Kreuzfahrt, aber auch die half nicht. Er sah, dass es mir sehr schlecht ging. Ich trat diese Kreuzfahrt mit einer Freundin an, die wohl auch nicht der richtige Umgang für mich war. Ständig war ich betrunken. Nach dieser Reise kam ich nach Hause und war noch unzufriedener mit mir als zuvor. Meiner Freundin möchte ich keinesfalls die

Schuld an meinem damaligen Zustand geben, schließlich betrank ich mich ja selbst.

14 Tage nach dieser Kreuzfahrt unternahm ich meinen ersten Selbstmordversuch. Ich ging damals noch arbeiten, wurde morgens wach, befand mich noch in einer Art Dämmerzustand vom Alkoholgenuss des Vorabendes und dachte: *Nicht schon wieder!* Ich schluckte alles, was ich an Medikamenten fand. Einer Arbeitskollegin war zum Glück aufgefallen, dass ich nicht zur Arbeit erschienen war, woraufhin sie die Chefin informierte. Diese kam dann mit der Polizei zu mir nach Hause, und man brachte mich in eine Klinik, in der ich für eine Woche sozusagen „weggesperrt" wurde. Es war die Hölle. Meine Gedanken kreisten darum, erneut einen Selbstmordversuch zu unternehmen, sollte ich längere Zeit in dieser Klinik verbleiben, doch dies war bei der dortigen strengen Überwachung einfach unmöglich.

Nach einiger Zeit wurde ich als gesund entlassen. Ich musste einfach nach Hause, glaubte ansonsten durchzudrehen. Mein Mann legte mir überall Steine in den Weg, wo er nur konnte. Ich hielt den Stress erneut nicht mehr aus und unternahm 14 Tage nach meiner Entlassung aus der Klinik meinen zweiten Selbstmordversuch. Damals fand mich mein jüngster Sohn, und ich wurde erneut in die Klinik eingewiesen. Nach nur zwei Tagen entließ man mich wieder in mein altes Leben, das ich als keines empfand.

Erneut zu Hause angekommen, ging alles wieder von vorne los. Ich lag nur noch im Bett, aß nichts mehr. Wenn ich irgendetwas tat, dann ging ich abends aus und trank bis nichts mehr in meinem Körper hinein passte, oder ich nicht mehr stehen konnte. Ich wollte nur noch schlafen und verschloss meine Augen vor allem. Vegetierte nur noch so vor mich hin. Mein Psychiater riet mir zu einer zweiten Kur. Drei Monate hielt ich mich zu Hause auf bis man mich nach vielem Hin und Her endlich wieder in der Klinik aufnahm All diese Dinge waren für mich genauso schlimm wie für meine Kinder.

Im September 2008 ging ich erneut in die Klinik, ließ schweren Herzens meine Söhne alleine zurück, aber sie erledigten alles ganz toll. Zu der Zeit war mein Jüngster wieder zu mir zurückgekommen und schmiss - soweit ich weiß - während meiner kurbedingten Abwesenheit den kompletten Haushalt, mein Großer passte auf, dass keine Dummheiten geschahen. Trotz meiner Krankheit sorgte ich dafür, dass sämtliche Rechnungen bezahlt waren, und dass meine Familie genügend zu Essen hatte. Es war alles in allem eine traurige Geschichte, aber auch eine Erfahrung für meine Kinder. Ihr Vater kümmerte sich wie immer um nichts.

In der Klinik, in der ich wunderbare Therapeuten hatte und auch einige nette Leute kennenlernte, fasste ich den Entschluss, keine Medikamente mehr einzunehmen, denn meine Leberwerte waren bereits sehr bedenklich. Mit meinem Anliegen ging ich zu meiner damaligen Ärztin, die mir, wie meine Therapeuten auch, zu bedenken gab, ich müsse schließlich noch arbeiten und für meine Kinder da sein. Ich aber wollte diese Medikamente nicht mehr einnehmen. Ich glaube auf der einen Seite bewunderten sie mich, auf der anderen Seite sagten sie ständig, ich müsse all diese Medikamente einnehmen. Ich setzte mich diesbezüglich durch und nahm sie nicht mehr ein. Ich ging die Wände hoch. Von einem Tag auf den anderen trank ich keinen Alkohol und nahm keine Medikamente mehr. Ich durchlebte heftige Entzugserscheinungen. Nächtelang lag ich wach oder schrieb auf, was mich bedrückte. Morgens war ich dann todmüde, hielt aber „mein Programm" eisern durch. Als ich endlich irgendwann die ersten paar Stunden geschlafen hatte, war ich einfach nur stolz auf mich und erzählte es jedem, dem ich begegnete. Dieses stolze Gefühl war die erste Freude, die ich seit langem in meinem Leben empfand. Ich hielt weiter durch. Auch äußere Einflüsse konnten mich nicht von meiner Entscheidung abbringen. Während dieser Kur kam ich auch zum Malen. Wir hatten jede Woche Maltherapie, die mir sehr viel Spaß bereitete. Jemand aus der Gruppe empfand mich als zweiten „Van Gogh" und riet mir, weiter zu malen, was ich bis heute tue.

Zurück in meinem Zuhause war ich von den Medikamenten weg und trank die erste Zeit auch nichts. Irgendwann sagte ich mir, dass ich wohl immer ein Glas genießen werde. Manchmal trinke ich noch heute ein Glas zu viel. Denke, das ist normal, aber mir ist aufgefallen, dass ich immer zu viel trinke, wenn ich mich irgendwo oder durch irgendetwas nicht wohl fühle. Manchmal ist diese Gesellschaft für mich einfach ungenießbar.

Nach meiner Kur wurde ich Frührentnerin. Bis dahin gab es eine Menge Papierkram, denn bis man mir glaubte, dass ich wirklich nicht mehr arbeiten konnte, musste ich von einer Behörde zur anderen. Schlussendlich half mir mein Therapeut mit einigen Zeilen und meine Rente wurde bewilligt.

Heute weiß ich, man muss nur lernen, die Leute so zu nehmen, wie sie sind. Mit dem einen Menschen kommt man aus, mit dem anderen nicht, und wenn man mit jemandem nicht auskommt, ignoriert man ihn einfach. Ignoranz tut weh, ist aber nützlich, denn ignoriert man jemanden, macht man sich gleichwohl interessant. Die andere Person weiß nicht, woran sie ist, und wenn sie es wissen möchte, muss sie auf einen zugehen, was den meisten Menschen sehr schwer fällt. Dies ist verständlich, denn Irgendwie signalisiert man somit, man sei an dieser Person interessiert. Die meisten Menschen fühlen sich dann erniedrigt. Ich hatte noch nie ein Problem damit, Menschen anzusprechen. Ich bin ein totaler Kommunikationsmensch und liebe Gespräche. Was ich hasse sind oberflächliche Gespräche oder es will jemand irgendwie einem etwas begreiflich machen und man kommt sich vor, als würde man mit einer Wand sprechen. Ich habe mit meinem zweiten Mann so viel geredet, doch er hat 25 Jahre lang über mich hinweggesehen.

Während meiner Kurzeit erlernte ich, „Lebensbaustellen" langsam abzutragen. Mit Ruhe und Gelassenheit eine nach der anderen, denn Baustellen hatte ich zur Genüge. Voller Kraft ging ich jede an und vermittelte während dieser Zeit meinen Söhnen auch wie das wirkliche Leben ist. Mein Ältester verstand schneller und nahm auch schneller an. Der Jüngste stellte oft auf stur, und wir stritten uns, bis die Fetzen flogen. Zwei Sturköpfe beieinander, so etwas konnte nicht gut gehen. Doch langsam, aber sicher verstand auch er, um was es ging.

Ich zog die Scheidung durch, obwohl mir mein Mann immer wieder Steine in den Weg legte. Sogar meinem ältesten Sohn. versuchte er zu drohen, dass er nach der Scheidung Miete zahlen müsste usw. Ich kümmerte mich wie immer um alles, und am Ende des ganzen Kampfes steckte mein Mann das Geld ein und machte sich ein schönes Leben. Ich musste um Alimente für meinen Jüngsten kämpfen, und zudem musste ich schauen, dass unser Haus verkauft wurde. All diese Dinge nahmen Jahre in Anspruch bis alles hinter mir lag. Meine Familie hielt sich eher fern, außer dass ich ab und an zum Essen eingeladen wurde. Das Wesentliche und das Wichtige zog ich allein mit meinen Söhnen durch. Sie nervten mich oft, unterstützten mich aber auch mit ihrem Wissen. Ich bin ihnen noch heute dankbar dafür. Es gab Zeiten, in denen ich nur kleine Schritte ging, aber ich war über den kleinsten Schritt, den ich vorwärts kam, stolz auf mich.

Unser Haus wurde verkauft und wiederum lag alles bei mir. Meine Familie unterstützte mich wenigstens beim Umzug. Ohne sie wäre ich aufgeschmissen gewesen. Meinen Söhnen gab ich sozusagen ein Startgeld und unterstützte sie so gut wie möglich bei der Wohnungssuche. Heute versuchen sie ihr Bestes, um über die Runden zu kommen. Ich bin sehr stolz auf die beiden.

Ich zog von Luxemburg nach Deutschland, obwohl viele meiner Bekannten mich davon abhalten wollten. In Deutschland sei es auch nicht anders, sagten sie mir. Das war mir klar, doch ich habe in Deutschland sofort Kontakt gefunden. Mit den meisten Leuten komme ich aber nicht gut klar, sie sind mir einfach zu oberflächlich. Zwar komme ich damit noch ganz gut zurecht, aber ich ertrage Unehrlichkeiten nicht und den Versuch, mich auszunehmen. Derzeit wohne ich in einem kleinen Städtchen und bin mit meiner Einstellung nicht gerade beliebt. Ich bin halt anders! Den meisten Menschen hier geht es nicht gut, die Depression ist weit verbreitet. In meiner Stadt leben fast nur Hüllen, seelenlose, herzlose Hüllen. Was soll's. Ich mache die Tür von innen zu und fühle mich wohl bei mir zu Hause.

Mir begegnen Menschen, die ganz viel Schmerz in sich tragen, sich aber scheuen, dies wirklich heraus zu lassen. Ich kann niemandem helfen, wenn er mir nicht mitteilt, was mit ihm los ist. Andererseits kann ich die Leute auch verstehen. Heutzutage einem Menschen zu vertrauen ist schon schwer.

In Deutschland kaufte ich mir ein Häuschen, das sehr gut zu meiner verrückten Natur passt. Nicht zu weit weg von meiner Familie, aber weit genug, so dass man sich schon ein wenig um mich bemühen muss. Den meisten ist der Weg zu weit, obwohl es nur 20 km von der luxemburgischen Grenze entfernt ist. Es ist wie immer, niemand will sich mehr um den anderen bemühen. Ein Jeder erwartet, dass ich vorbei komme. Wenn ich jemanden wirklich sehen möchte, war mir noch nie ein Weg zu weit. Mit der Einstellung der meisten Menschen komme ich aber ganz gut zurecht. Mein Motto: Wer kommt, der kommt, wer nicht kommt, bleibt einfach weg. Am wohlsten fühle ich mich aber zu Hause. Ich brauche einfach manchmal meine Einsamkeit, um all die Dinge machen zu können, die mir Spaß bereiten. Ich gehe einfach meinen Trott, und schon geht es mir wunderbar. Endlich habe ich meinen Ruhepol gefunden.

Mein Krankheitsverlauf

Alles begann mit ca. 45 Jahren. Ich kam in die Wechseljahre und war mir dessen nicht bewusst. Ich fing an, sehr nervös zu werden, und so flogen auch schon mal bei mir Töpfe durch die Küche. Ich vertrug nichts mehr, meckerte über alles, wurde immer unzufriedener, war mit allem überfordert. Ich hatte vier Kinder und einen Alkoholiker als Mann. Musste arbeiten gehen, damit es hinten und vorne reichte, für die Kinder da sein und für meinen Mann. Meine Stieftochter machte mich derzeit darauf aufmerksam, den Frauenarzt zu wechseln. Bin ihr noch heute dankbar für diesen Rat. Der neue Arzt stellte fest, dass ich wirklich in den Wechseljahren war. Zu diesem Zeitpunkt nahm Ich noch die Antibabypille ein, die ich schon lange nicht mehr benötigte. Nachdem ich sie absetzte, wurde ich etwas ruhiger, doch leider war dieser Zustand nicht von langer Dauer.

Während meiner Krankheit hatte ich viele organische Probleme, wie Herzrhythmusstörungen. Ich ging zum Kardiologen, der sämtliche Untersuchungen diesbezüglich durchführte. Am Ende der Untersuchungen stand fest, mein Herz war zwar vollkommen in Ordnung, doch rund herum war alles kaputt. Damals verstand ich diese Diagnose nicht so ganz, später wusste ich, mein komplettes Nervensystem war hin. Mein Herz war so „verletzt", dass es sich gegenüber äußeren Einflüssen wehrte.

All dies hört sich jetzt evtl. utopisch an, ist aber wissenschaftlich bewiesen. Das Herz reagiert auf Herzschmerz. Ein gebrochenes Herz kann sehr schmerzen und werden die Umstände nicht verändert, kann dieser Zustand sogar zum Herzinfarkt führen. Hierbei handelt es sich nicht nur um meine Meinung. Wer mir nicht glaubt, kann es im Internet nachlesen. Noch heute, wenn jemand, den ich mag, versucht, mir weh zu tun, bekomme ich Herzstiche. Da mir mittlerweile bewusst ist, woher diese Stiche kommen, mache ich mir nicht allzu viel Gedanken darüber.

Zum Beispiel hatte ich über einen langen Zeitraum Probleme mit der Haut an meinen Händen. Ich litt an offenen Wunden und ging von einem Dermatologen zum anderen. Meine linke Hand war am schlimmsten und kein Arzt konnte mir helfen. So begann ich darüber nachzudenken, in welcher Lebensphase meine Hände mich am meisten geplagt hatten und fand heraus, dass mir immer die Haut an meinen Händen aufplatzte, wenn es mir aus irgendeinem Grund seelisch schlecht ging. Mir wurde sozusagen damit ein Stück Lebensqualität genommen. Zum Teil konnte ich meinen Beruf als

Reinigungskraft nicht mehr ausüben. Die von mir konsultierten Ärzte gingen davon aus, dass ich die Reinigungsmittel nicht vertrug. Die Diagnose hätte stimmen können, es war aber nicht so. Unsere linke Gehirnseite ist die Gefühlsseite und meine war so verletzt, dass all meine organischen Beschwerden links zutage traten. Die Haut ist der Spiegel unserer Seele und meine Seele war sehr krank.

Als ich nach meiner Scheidung meine letzte große Liebe kennenlernte, fragte er mich wieso meine Hände so schlimm aussehen würden. Ich erklärte ihm, er solle meine Seele heilen, dann würden auch meine Hände wieder gesund. Er küsste sie damals sehr liebevoll, doch leider half all das nicht. Heute ist die Haut an meinen Händen wunderschön und vollkommen abgeheilt. Der Mann verstand nicht, was ich ihm sagen wollte, denn auch ihm war sicherlich nicht bewusst, dass es eine Seele gibt. Nach wie vor versteckt er sich vor sich selbst. Treffe ich ihn heute per Zufall und es kommt zu einem Gespräch, fragt er mich immer wie es meinen Händen geht. Zeige ich sie ihm, ist er jedes Mal verwundert, dass die Haut nicht mehr offen ist, obwohl wir nicht mehr zusammen sind.

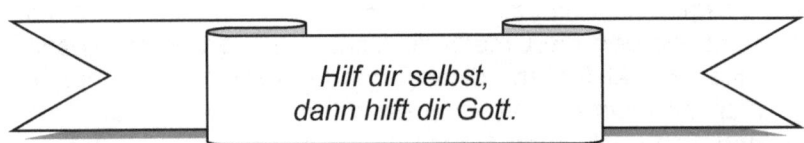

Hilf dir selbst,
dann hilft dir Gott.

Ich hab mir selbst geholfen. Habe alles, was mich in meinem Leben störte, entfernt, ob Mensch oder Materielles. Habe mir mein Leben ausgesucht und werde meinen Standpunkt weiterhin vertreten, egal was kommt.

Noch heute leide ich unter organischen Beschwerden. Mein linkes Bein funktionierte nicht immer so wie es sollte. Ab und an hatte ich so viel Schmerzen, dass ich es kaum aushalten konnte. Ich suchte eine Menge Ärzte diesbezüglich auf, ging durch sämtliche Untersuchungen, ließ bei ihnen viel Geld, doch niemand fand etwas Konkretes heraus. Ich wusste mir keinen Rat mehr. Als ich in Kassel zur Kur kam, wollte ich erneut wissen, wieso ich zeitweise an diesen höllischen Schmerzen litt. Niemand ging so richtig auf mich ein, bis ich mich zu wehren begann. Ich suchte meinen Therapeuten auf und wollte von ihm wissen, wieso mir niemand helfen konnte oder wollte. Er beruhigte mich, nahm sich Zeit für mein Problem, stellte mir Fragen und bat mich, mein Bein während seiner Fragen zu beobachten. Ich versuchte, dies alles hinzubekomme und stellte fest, dass mein Bein sehr schmerzte, wenn er mir Fragen stellte, die mich nervten. Fragte er Dinge, die mich entspannten, verschwand der Schmerz wie durch ein Wunder. Später erklärte man mir, meine Muskulatur sei stark verkürzt. Dies hat seine Ursache darin, dass sich mein ganzer Körper während meiner zweiten Ehe zurückgezogen hatte. Heute kann ich damit umgehen. Schmerzt mein Bein, weiß ich, es muss irgendetwas verändert werden.

Ich litt unter starken Schluckbeschwerden und konnte nichts schlucken. Damals dachte ich es wäre die Schilddrüse und ließ sie untersuchen. Organisch war aber alles in Ordnung, und ich begann erneut, über die auftretenden Symptome nachzudenken. Mir war bewusst, dass die Ursache mit meinem seelischen Zustand zu tun hatte, wenn organisch alles in Ordnung war. So war es dann auch. Ich hatte so viel Mist in meinem Leben „geschluckt", dass ich den Geschmack am Leben verloren hatte. Mein Geschmacksinn war ebenfalls fort und mein linkes Auge schließt sich noch heute, wenn ich nervös werde.

Meine Sehkraft war von Kindheit an schon nicht gut, doch während meiner Krankheit ließ sie immer mehr nach. Auch mein Gehör war stark angegriffen und ich hörte nur noch zu 50 % auf beiden Seiten. Seit ich gesund bin, funktioniert auch das Hören wieder besser. Es wird zwar nie wieder so sein, wie es mal war, doch weiß ich eines: Trotz all dieser Schwächen besitze ich ein ganz feines Gehör für Musik und ein gutes Auge zum Malen.

Zurück in die Zeit, in der alles begann. Ich wurde immer dünner, war auf 32 Kilo abgemagert und konnte nichts mehr essen. Meinem Mann war dies alles völlig gleichgültig, solange er seine sexuellen Bedürfnisse bei mir austoben konnte, aber auch dazu hatte ich keine Lust mehr. Ich zog mich immer mehr von ihm zurück. Kennen Sie Vergewaltigung in der Ehe? Ich weiß, was das heißt. Hatte ich mich mit Alkohol oder Schlaftabletten vollgepumpt, fiel mein Mann über mich her. Traurig, aber wahr!

Da ich nicht richtig schlafen konnte, nahm ich also Schlaftabletten ein oder betrank mich vollkommen. Irgendwann gelang es mir auch nicht mehr, trotz all dieser Einnahmen zu schlafen, so wurden die Schlaftabletten immer stärker, und der Alkoholkonsum nahm ebenfalls sehr zu. Hinzu kamen Beruhigungsmittel, Antidepressiva usw. Manchmal ging ich arbeiten und war vom Alkoholkonsum des Vortages noch nicht nüchtern, doch irgendwie ging alles weiter. Ich hatte schreckliche Angst vor dem Leben. Meine Ärztin empfahl mir, da mein Allgemeinzustand immer heftiger wurde, zu einem Psychiater zu gehen, und mit viel Überwindung kam ich ihrem Rat nach. Anfangs öffnete ich mich meinem Therapeuten gegenüber absolut nicht. Es kostete mich jedes Mal sehr viel Kraft, dort hinzugehen, doch mit der Zeit fasste ich Vertrauen. Mein damaliger Psychiater ist noch heute einer meiner besten Freunde. Durch ihn kam ich auch zu meiner ersten Kur in Kassel.

Es fiel mir nicht einfach, all das konsequent durchzuziehen und sah in dieser Zeit Menschen, die noch viel kränker waren als ich. Menschen, die noch schlimmeres erlebt hatten als ich. Irgendwo fand ich in diesem geschützten Raum langsam, aber sicher wieder Lebensmut und sah auch neue Perspektiven. Ich hatte eine wunderbare Therapeutin, die ich irgendwann fragte, ob sie wisse, was ich eigentlich suche. Sie antwortete mir: Du suchst den Frieden. Mittlerweile hab ich diesen gefunden. Den Frieden in mir.

Zwei Jahre nach meinem Kuraufenthalt sah ich meine Therapeutin wieder. Sie war nicht nur um einige gealtert, sondern um mindestens 10 Jahre. Sie ist eine wunderbare Person, die alles, was ihr so erzählt wird, allein mit sich ausmacht und im Inneren verarbeiten muss. Therapeuten dürfen absolut nichts an Dritte erzählen.

Lasst Kinder wieder Kinder sein

Unsere Kinder werden viel zu oberflächlich erzogen. Leider habe ich diesen Fehler bei meinen Kindern auch gemacht, da ich mich zu sehr der Gesellschaft angepasst habe. Heute versuche ich, noch das Beste daraus zu machen, damit sie nicht einem anderen etwas antun, was sie selbst nicht möchten. Ich weiß nicht, ob ich es schaffe; ich hoffe es und gebe mir große Mühe.

In dieser Gesellschaft umzudenken, wie ich es geschafft habe, ist nicht einfach. Meine beiden Söhne haben schon vieles verstanden, doch leider geben sie nicht zu, dass sie viel abgeguckt haben. Einfach zugeben, dass man von diesem oder jenem Menschen einiges gelernt hat, ist ein wesentlicher Bestandteil zur Findung seines Selbstbewusstseins.

Oberflächlichkeit hat eine breit gefächerte Bedeutung Man bewertet die Menschen nach ihrem Aussehen und schaut nicht mehr auf die inneren Werte. Man spricht z. B. von Sex und meint Liebe oder Geborgenheit. Viele Menschen leben unbewusst und wissen selbst nicht mehr, was sie meinen. Das liegt zum Teil mit daran, dass sie keine eigene Meinung haben. Oberflächliche Menschen halten oft die Dinge, die ich erzähle für Bagatellen, für kleinlich und eher unwichtig, aber die kleinsten Dinge sind manchmal sehr bedeutend im Leben. Man sieht sie nur nicht mehr. Viele, mit denen ich mich unterhalte, werden aufmerksam und hören mir zu, wiederum andere halten es für Psychokram, so wie mein jüngster Sohn. Er sagt nichts mehr dazu, denn er weiß, wie ich dazu stehe. Mein Ältester empfindet mich als anstrengend, doch zumindest denkt er über mein Gesagtes nach.

Ich weiß genau, dass Kinder ihre Erfahrungen allein zu machen haben, doch müssen unsere Kinder erst 50 Jahre alt werden, um zur Einsicht zu gelangen?

Ich jedenfalls habe mit 50 Jahren die Augen wieder geöffnet und wusste damals nicht mal mehr, dass eine Sonne existierte. Ich konnte nicht mehr schreiben, nicht mehr lesen. Das Fernsehprogramm lief einfach so an mir vorbei. Das Leben ging an mir vorbei, weil mein Kopf mit unwichtigen Dingen überfüllt war. Heute schaue ich alles intensiv an, vielleicht zu intensiv, doch ein Jeder hat ein Recht auf sein Leben; schließlich besitzt man nur eins. So interpretiere ich es heute, als Kind hat man Mühe und Not, dies alles zu verstehen. Während meiner Scheidung habe ich es selbst mit meinen

Kindern erlebt. Sie waren damals ca. 14 und 16 Jahre und trotzdem konnten sie nicht verstehen, dass ich ein Recht auf mein Leben hatte, und sie ihr eignes in die Hand nehmen mussten. So etwas gehört zum Erwachsenwerden dazu.

Ich bin auch der Auffassung, dass die meisten Männer in ihrem späteren Leben nicht klar kommen, weil sie zu sehr von ihren Müttern verhätschelt oder zu wenig geliebt wurden. Ein Mann darf nicht weinen, Gefühle wurden früher durch den eigenen Vater verboten, Männer müssen stark sein. All das empfinde ich als falsch. Auch Männer haben das Recht, ihre Gefühle zu zeigen. Ich hatte des Öfteren Diskussionen mit meinen Ehemännern diesbezüglich, was aber, wie mir heute an meinen beiden Söhnen auffällt, nicht sehr viel genutzt hat. Meiner Ansicht nach erziehen wir unsere Kinder falsch. Heutzutage werden die Kinder materiell beschenkt. Sie bekommen Computer, Stereoanlagen und dergleichen, aber was sie wirklich benötigen, bekommen sie nicht, nämlich Aufmerksamkeit, Zeit, Geborgenheit und Zärtlichkeit. Natürlich ist es einfacher, sie mit Materiellem vollzustopfen, als sich Zeit für sie zu nehmen. Später wundern sich Eltern, dass ihre Kinder irgendwann unter dem Aufmerksamkeitsdefizitsyndrom (kurz ADS genannt) leiden. Diese Kinder leiden unter starken Konzentrationsstörungen. Heutzutage wird diese Krankheit mit Medikamenten verdrängt. Nun, so ist der Wandel des Lebens. Die Menschheit hat sich verändert, der Mensch an sich aber nicht. So lautet jedenfalls meine Meinung.

Menschen werden krank, wenn sie sich nicht wohl fühlen. Gegen jedes noch so winzige Wehwehchen gibt es heutzutage aber eine Tablette. Ich werde selten krank und wenn, versuche ich mich immer selbst zu heilen, das heißt, ich versuche herauszufinden, warum es mir schlecht geht. Meistens bekomme ich mit viel Ruhe und Entspannung vieles wieder in den Griff. Tabletten sind für mich heutzutage ein absolutes Tabu. Ich habe bestimmt schon fünf Jahre keinen Arzt mehr aufgesucht, außer meinen Therapeuten und die üblichen Kontrollbesuche beim Gynäkologen oder Augenarzt.

Unsere Kinder kommen als völlig unschuldige Wesen auf die Welt. Und was machen wir mit ihnen? Wir erziehen sie zu Maschinen, die funktionieren müssen. Und während dieser Erziehung vergessen die Kleinen ihre Unbeschwertheit und Natürlichkeit. Wir bringen ihnen die Manieren der Gesellschaft mit all ihren Floskeln bei und wenn sie dann in die Pubertät kommen, werden sie meist zu Rebellen, was eigentlich ein ganz natürlicher Vorgang ist. Viele dieser Probleme könnte man reduzieren, ließen wir unseren Kindern einen Teil ihrer Unbeschwertheit. Lasst unsere Kinder wieder Kinder sein!

Nimmt man den Kindern einen großen Teil ihrer Unbeschwertheit, können sie im Erwachsenenalter Depressionen bekommen und/oder werden zu Selbstmördern oder zu Amokläufern. Dies scheint die neueste Art zu sein, sich von innerlicher Aggressivität zu befreien. Sämtliche Selbstmorde, Alkoholsuchten, Medikamentensüchte werden von der Gesellschaft verdrängt, es sei denn, ein Medienstar oder eine Persönlichkeit in der Gesellschaft begeht Selbstmord. In so einem Fall erzeugt das Geschehene ein wenig Rummel. Und selbst dann wird die Sache schnell wieder abgetan. Ein Jeder scheint der Auffassung zu sein, so etwas kann mir nicht passieren. Wie sollen unsere Kinder klar kommen, wenn wir ihnen alles falsch vorleben? Leider habe ich das auch getan. Heute sehe ich meine Kinder wie sie mit der Gesellschaft mitgezogen werden und bin machtlos. Ich hasse Machtlosigkeit. Trotzdem glaube ich, dass ich alles getan habe, was in meiner Macht stand. Obwohl wir nicht mehr beieinander leben, werde ich immer für sie da sein. Mit Ratschlägen und Taten, damit sie ihr Lachen nie verlernen, so wie ich vor vielen Jahren.

Ich hatte einmal eine dreimonatige Bekanntschaft mit einem Mann, der ebenfalls zwei Kinder hatte. Er verließ sie in jungen Jahren und überließ sie der Kindesmutter. Mittlerweile sind seine Kinder erwachsen und heute sitzt dieser Mann zu Hause und heult, weil die Kinder seinen Geburtstag vergessen. Er hat aber nie bedacht, dass die Kinder damals wahrscheinlich sehr unter seiner Abwesenheit gelitten haben, erwartet jetzt aber, dass sie ihm nachlaufen und sich um ihn kümmern. Hierbei handelt es sich doch ganz klar auch um einen Menschen, der allen Ernstes der Auffassung ist, die Welt drehe sich nur um ihn. Ich nenne so etwas einen Egoisten. Gemeinsam erlebten wir damals sehr viele schöne Dinge, aber er war immer eifersüchtig auf meine Kinder. Er hat nie verstanden, dass meine Kinder bei mir an erster Stelle kamen, denn Familie war mir immer wichtig.

Was Kindesväter in ihrem Leben nicht hinbekommen, erwarten sie von ihren Söhnen. Wenn die Söhne dann aber eine eigene Richtung einschlagen, sind die Herren der Schöpfung enttäuscht. Kinder darf man nicht unter Druck setzen. Sie haben viel von uns geerbt, aber sie haben ihre eigene Persönlichkeit und ihre eigenen Vorstellungen. Mein Jüngster sowie mein ältester Stiefsohn waren Fußballtalente und litten beide unter dem Druck des Vaters. Wenn mein Jüngster trainierte, war mein Mann ständig dabei, um ihn zu korrigieren. Manchmal konnte ich das alles nicht mehr ertragen und bin einfach weggegangen. Mein ältester Stiefsohn tat immer so, als sei er verwundet, wollte in Wirklichkeit nur die Aufmerksamkeit seines Vaters, die er bis heute nicht bekam. Mein Ältester spielt noch heute Fußball, aber nur, weil es ihm Spaß macht, nicht weil er Profi werden möchte. Er ist eher für den Job des Trainers geboren, denn er hat ein sehr gutes Auge und eine sehr gute Übersicht. Die beiden anderen Jungen spielen leider kein Fußball mehr. Mein Stiefsohn ist sowieso am Ende, und mein Jüngster kann im Moment nicht spielen, weil er einen Unfall hatte. Mein Exmann kam mit seinen Kindern gut klar als sie noch Babys waren, doch als sie langsam ihre eigene Persönlichkeit entwickelten, überließ er mir die Erziehung. Die Welt dreht sich nicht um einen einzelnen Menschen, sie dreht sich um sich selbst. Der Egoismus in dieser Welt ist sehr groß. Kinder sind unbeschwert und denken nicht über jeden Mist nach, sofern sie in normalen Verhältnissen aufwachsen, was wiederum in der heutigen Zeit bei den vielen Scheidungen nicht so einfach ist. Kinder sind unsere Zukunft, doch wer denkt schon heute an den anderen. Niemand nimmt sich mehr Zeit zuzuhören, und für die eigenen Kinder bleibt schon gar keine Zeit. Sie werden vor den Fernseher oder den Computer gesetzt, damit die Erwachsenen Ruhe haben. Dies ist definitiv der einfachste und absolut falsche Weg. Ich empfehle vielen Menschen, adäquate Bücher zu lesen oder auch Sendungen, wie Markus Lanz (übrigens eine meiner Lieblingssendungen) zu schauen.

All die Dinge, die man in sich hinein frisst, fressen einen langsam aber sicher irgendwann auf; entweder durch Krankheit oder innerer Unzufriedenheit. Dieses verletzte, innere Kind, auf das ja niemand hört. Die meisten Probleme stammen aus der Kindheit und ich habe über einen langen Zeitraum erlernt, auf das innere Kind zu hören. Es teilt mir alles mit, was ich wissen muss, und wenn ich mich so umhöre, erfahre ich, dass dies nicht nur bei mir so ist. Man muss nur nach innen lauschen. Über einen sehr langen Zeitraum verstand ich all dies nicht. Vielleicht muss man erst sehr lange krank gewesen sein wie ich, um es zu verstehen. Unser Herz zeigt uns stets den richtigen Weg. Folge diesem Weg, aber vergiss nicht, auch den Verstand einzusetzen, wenn es nötig ist. Ich weiß nur eines. Es gibt nicht viele Menschen, die, wenn sie sich in der Dunkelheit der Hölle befinden, aus dieser wieder herauskommen. Wenn ich sehe, dass Menschen am Fallen sind, versuche ich, sie darauf aufmerksam zu machen, was auf sie zukommen kann, doch die meisten hören nicht zu oder nehmen keine Ratschläge an. Wird mir bewusst, dass meine Meinung nicht gefragt ist, höre ich mit meinen Mahnungen auf. Außer bei meinen Söhnen, da gebe ich nicht auf, solange ich lebe. Ich werde immer für sie da sein, sofern sie es möchten.

Erfahrungen

Meine Kinder hatten keinen Vater. Nicht in der Zeit, in der er mit uns lebte und auch nicht in der Zeit danach. Eine Mutter hatten sie, das heißt, sie hatten mich bis zu dem Zeitpunkt, an dem ich an mir selbst zerbrach. Sie hatten mich acht Jahre nicht, und es war eine wichtige Zeit für meine Söhne. Leider kann ich die Zeit nicht zurückdrehen, aber ich kann versuchen, das Beste daraus zu machen und ihnen erklären, warum alles so war. Es braucht nur Zeit, und diese Zeit werde ich mir nehmen. Leider haben meine Söhne nicht sehr viel Zeit für mich. Bei jedem Anruf und bei jedem Zusammentreffen spüre ich das. Zeit ist das Wichtigste, was wir einem Menschen geben können.

Ab und an gehen wir gemeinsam essen. Ich bezahle die Rechnung und schnell müssen sie noch dieses und jenes erledigen. Leider sind auch sie zu sehr mit dieser Gesellschaft ohne Gefühle verbunden. Lange Zeit konnte ich meine Söhne nicht in den Arm nehmen, weil ich nicht fähig war, meine Gefühle zu zeigen. Heute haben beide ihre Probleme damit. Ich hab ihnen erklärt, dass ich kein Geld von ihnen benötige, sie sollen sich nur dann und wann Zeit für mich nehmen. Das ist alles, was ich verlange, und ich hoffe, dass sie dies irgendwann einmal verstehen. Eins weiß ich, ich muss kein schlechtes Gewissen haben, denn ich habe alles versucht, um ihnen zu helfen. Ewig werde ich das auch nicht tun, ansonsten bin ich wieder an dem Punkt, an dem ich bereits war, und das möchte ich nun wirklich nicht mehr. Meine Söhne müssen lernen, auf mich und auch auf andere Menschen zuzugehen. Jeder spricht davon, aufeinander zugehen zu müssen, doch nach meinen Erfahrungen erwarten die meisten Menschen nur, dass man ihnen hinterher läuft. Es gehört eine Menge Selbstvertrauen dazu, und die meisten Menschen haben Angst vor einer Ablehnung. Ich entschied mich für den goldenen Mittelweg, gebe gerne und helfe auch gerne. Merke ich, dass ich ausgenutzt werde, distanziere ich mich sofort von diesen Menschen. Die Zeit des mich Ausnutzens ist endgültig vorbei.

Kein Mensch wird schlecht geboren. Als Baby ist man unschuldig oder haben Sie schon einmal ein kriminelles Baby gesehen? Es ist die Gesellschaft, die uns schlecht macht. Jeder macht es so, wie die meisten es tun. So sollte man aber nicht denken und wirklich nur das machen, was man selbst will, was man denkt und sagen, was man fühlt. Nicht nur auf andere hören und das gleiche machen wie sie. Da ich meine Einstellung zum Leben komplett verändert habe, mir immer positive Dinge heraussuche, auch wenn diese anfangs negativ behaftet sind, bekomme ich viele positive Momente.

Als ich 27 Jahre alt war, sagte man mir des Öfteren, ich hätte meinen Beruf einer Psychologin verfehlt. An dieser Aussage ist schon etwas dran, doch ist es für mich besser, dass es so nicht gekommen ist. Für diesen Beruf muss man „eiskalt" sein, ansonsten geht man selbst kaputt.

Mir ist aufgefallen, dass meistens bei mir etwas schief läuft, wenn ich eine Entscheidung zu treffen habe, und zuvor anderen zuhöre. Wer ständig auf andere hört, ist ziemlich unfrei. Ich gebe Ihnen hierzu ein Beispiel:

Vor kurzem hatte ich wieder so ein Erlebnis, bei dem ich sehr wütend war. Ich hatte eine Person zum Essen eingeladen. Es war bereits zum zweiten Mal. Diese Person sagte mir beim ersten Mal mit irgendwelchen absurden Entschuldigungen ab. Ich war wütend, weil es nun das zweite Mal geschah. Hatte ich doch eingekauft und mein Wochenende mit dieser Person eingeplant. Als Entschuldigung wurde mir mitgeteilt, den Muttertag auf einen anderen Tag zu verlegen. Bei aller Liebe, so etwas ist doch wohl kaum zu glauben. Aber gut, macht nichts, brauche ich nicht mehr zu kochen, das heißt, nur das Positive sehen. So kann ich demnächst wieder meine Wochenenden so gestalten, wie ich sie verleben möchte. Diese Person verpasste etwas, nicht ich. Sie verpasste ein gutes Essen und einen schönen gemütlichen Abend bzw. Nachmittag. Schade, dass viele Menschen nicht mehr genießen können. Aber mehr als fragen, kann man nicht. Ich habe dieser Person gesagt, sie solle alles vergessen, da sie ja nicht möchte, dass es ihr gut gehe. Sie antwortete darauf nicht, doch keine Antwort ist auch eine Antwort. Mit anderen Worten, wenn man nicht antwortet, gibt man dem anderen unbewusst Recht oder man weiß keine Antwort. Die meisten Menschen, bei denen ich versuchte, eine Veränderung ihrer Lebensumstände einzuleiten, wollten nicht hören oder einfach nur ihr langweiliges Leben weiterführen, und zwar einzig und allein aus dem Grund, weil sie Angst vor Veränderungen haben oder Angst neue Menschen kennenzulernen. Mit neuen Menschen kann man oft andere Welten sehen, neue Wege finden, ohne seinen eigenen Weg zu verlassen. Ein Jeder sollte sich ein Ziel setzen und dieses gemeinsam mit anderen anstreben oder notfalls auch alleine.

Ich für meine Person finde es toll, an andere Orte zu gehen, andere Menschen zu beobachten und kennenzulernen. Auch hierzu gehört sehr viel Mut. Ich war es früher so gewohnt, dass mein Mann mich überall hin begleitete, und von daher hat es mich sehr viel Überwindung gekostet, alleine irgendwo hin zu gehen. Aber ich schaffte es, bin sehr stolz darüber und machte somit tolle Erfahrungen. Öfters stellt man mir die Frage, ob ich mich allein fühle. Meine Antwort darauf lautet immer: „Ich gestalte mein Leben alleine, also gehe ich auch alleine aus." Bei meiner Kommunikationsfähigkeit bleibt man nicht lange alleine. Manchmal finde ich gute Gespräche, manchmal weniger gute und den weniger guten gehe ich einfach aus dem Weg.

Mir wird nachgesagt, dass man nichts mehr groß erwidern kann, wenn ich etwas sage. Meiner Ansicht nach liegt das einfach und allein daran, dass ich aus Überzeugung spreche. Das heißt, ich bin von dem, was ich sage, komplett überzeugt. Einige Menschen vertragen dies nicht, weil sie selbst nicht von dem überzeugt sind, was sie sagen. Oft belügen sie sich selbst, und dies ist der größte Fehler, denn wer sich selbst belügt, belügt auch andere. Was ist es für eine Welt, in der wir leben. Ist es nicht schon ausreichend, dass die Menschen um uns herum aufeinander herumhacken? Man sagt: „Ich liebe dich" und schlägt im nächsten Moment zu. Geld/Egoismus/ Materialismus! Wozu auch noch Eifersucht?

Die meisten Menschen suchen in irgendeiner Form das, was ihnen fehlt. Sie bereichern sich mit irgendetwas, sei es mit Geld, Alkohol, Medikamenten, Drogen, schönen Autos, Sex usw. Was ihnen wirklich fehlt sind Gefühle, Geborgenheit, Zärtlichkeit und die Wahrheit gegenüber sich selbst. Ich muss ehrlich zugeben, dass mir vieles davon auch fehlt, da ich es selbst nie in meinem Leben bekam. Und wenn ich all diese Dinge nicht bekomme, ist es ganz klar, dass ich zum Egoisten werde. Hierbei handelt es sich um einen natürlichen Vorgang. Ich verstehe alle Menschen, die zu Egoisten wurden oder auch zu Mördern. Sie bekamen von Kindheit an keinerlei Zuneigung. Ein Herz kann sich nur öffnen, wenn man all den Groll und die Wut, den man in sich trägt, herauslässt, und zwar an dem Menschen, der einen verletzte. Menschen, die unzufrieden mit sich selbst sind, wollen keine zufriedenen Menschen sehen und darum hackt jeder auf jedem herum.

Schade, dass die Menschheit so egoistisch ist. Ich habe noch heute mit Menschen arg zu kämpfen, damit sie mich nicht ausnutzen. Sie versuchen es immer wieder. Ich muss höllisch aufpassen und alles genauestens beobachten. Ich beurteile niemanden nach seinem Äußeren oder seinem Status, ich schaue eher auf seine Art, wie man mit mir und anderen Menschen umgeht. Viele Menschen suchen irgendetwas und wissen eigentlich nicht, was sie suchen. So erging es mir bis zu irgendeinem Tag auch, von da an wusste ich, was ich suchte, nämlich mich selbst, und ich fand mich. Es war ein tolles Gefühl, doch leider kommt die Mehrheit der Menschen nicht dahin. Es gibt ein Sprichwort, das sehr gut hierher passt.

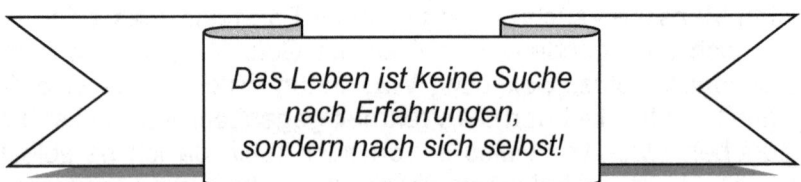

Das Leben ist keine Suche nach Erfahrungen, sondern nach sich selbst!

Meine Kinder sind heute erwachsen und haben ihre Probleme, wie sie ein Jeder in seinem Leben hat. Meistens sehe ich, wenn es meinen Kindern nicht gut geht und frage sie dann auch nach. Mein ältester Sohn hat keine Probleme damit, sich mitzuteilen und mir zu sagen, wo der Schuh drückt, mein jüngster Sohn umso mehr. Er verschließt sich bei Problemen, frisst alles in sich hinein und das macht krank. Krank möchte ich niemanden von den Menschen sehen, die ich liebe. Er ist nach wie vor der Ansicht, mit seinen Problemen allein klar zu kommen, doch das stimmt nicht. Man sollte sich nicht jedem anvertrauen, aber bei dem Menschen, der einen am liebsten hat, darf man sich auch ausheulen. So eine Öffnung des Seelenlebens ist sehr wichtig. Nicht, um mich selbst zu bemitleiden, aber einen solchen Menschen hatte ich, wenn ich es mir recht überlege, nie, da meine Eltern sehr früh verstarben. Bis zum heutigen Zeitpunkt habe ich niemanden Adäquaten gefunden und so gelernt, mit meinen Problemen allein klar zu kommen. Meistens ist niemand für einen da, wenn man fragt. Das ist zwar traurig, aber wahr. Man spricht von Freunden, doch der beste Freund ist man selbst. Nach diesem Motto lebe ich und verlasse mich nur auf mich selbst.

Zurück zu meinem Jüngsten, an dem ich feststelle, dass er sich langsam, aber sicher öffnet, und wenn seine Probleme zu viel werden, kommt er zu mir. Ein Thema bespricht er allerdings nicht mit mir und das ist die Beziehung zu seiner Freundin. Die beiden kennen sich bereits einige Jahre. Dieses Mädchen wohnte quasi mit bei mir, ist bei mir ein- und ausgegangen, als wäre sie zu Hause. Sie hat bei mir gegessen, gewaschen, gekocht, bis zu dem Zeitpunkt, an dem sie mir den Kühlschrank nur noch leerte und nichts mehr hineinlegte. Eines Tages platzte mir der Kragen. Ich hatte Fleisch für meine Söhne und mich gekauft, sie kam daher und bediente sich wie selbstverständlich. Ich wurde sehr wütend und machte ihr klar, dass sie nicht „wirklich" bei mir wohnen würde und von daher fragen sollte, ob sie sich etwas nehmen dürfte. Daraufhin traute sie sich nicht mehr zu mir, und ich erkannte, sie wollte von meinem guten Herzen profitieren. Ihr war absolut bewusst, dass sie Fehler gemacht hatte, und sie konnte mir nicht mehr ruhigen Gewissens in die Augen schauen. Nach einiger Zeit ging ich wieder auf sie zu und forderte sie auf, ihren Kaffee bei mir in der Küche zu trinken.

Ach, dieses Gewissen. Wäre es nicht vorhanden, das Leben würde sich einfacher gestalten. Vielleicht aber auch langweiliger, ich weiß es nicht. Man kann sowieso nichts daran ändern, Gewissen ist nun mal vorhanden. Dazu auch noch dieses Denken, das den Kopf oft so durcheinander bringt, dass man nicht mehr schlafen kann.

Um so weit zu kommen, wie ich jetzt bin, befand ich mich drei Monate in einer psychosomatischen Kur, und immer, wenn es mir heute schlecht geht, hole ich mir das dort Erlernte gedanklich zurück. Es gibt Zeiten, in denen nimmt es Tage in Anspruch, bis ich mich wieder von meiner negativen Stimmung erholt habe, aber ich sage mir jeden Abend beim Zubettgehen: Morgen ist ein anderer Tag, schauen wir mal, was er bringt. Irgendwie bzw. irgendwann geschieht dann etwas, was mir wieder neue Energie bringt. Manche Leute fragen sich, wie ich das alles bewerkstellige. Es ist eigentlich ganz einfach. Ich räume das Innere meines Kopfes auf, was die meisten Menschen nicht verstehen und auch nicht nachvollziehen können. Es gehört viel Mut und Ausdauer dazu, nicht den Kopf hängen zu lassen, egal was geschieht. Meistens fühle ich mich wie ein Stehaufmännchen. Ich falle, stehe aber auch immer aus eigner Kraft wieder auf und das macht stolz und selbstbewusst. Ich sage nicht, dass ich niemanden brauche, doch das meiste im Leben habe ich immer allein geschafft.

Früher konnte ich nicht mehr weinen, nicht mehr fühlen, nicht mehr lachen, wusste einfach nicht mehr, was Gefühle sind. Ich war innerlich sozusagen tot. Heute lebe ich umso intensiver und sehe wieder die kleinen Dinge im Leben:

- die Fortschritte, die meine Söhne machen
- dass sie annehmen, was ich ihnen sage
- den Regenschirm, den jemand über mich hält, wenn ich keinen dabei habe
- dass jemand sich bei mir meldet, von dem ich schon lange nichts mehr gehört habe
- dass jemand mir von Herzen zulächelt
- dass die Sonne scheint, und sie mich wärmt
- dass es ab und an einen Regenbogen gibt, und ich seine Farben betrachten kann

Manchmal laufe ich so auf die Menschen zu, dass sie Angst vor mir bekommen, und des Öfteren wird mir gesagt: „Du kommst mir zu nahe." So etwas nennt man Berührungsängste. Man macht jemandem ein Kompliment und diese Person zieht sich zurück. So etwas ist mir unbegreiflich, denn ich mag Komplimente, doch Komplimente kann man nur annehmen, wenn man sich selbst mag. Das nennt man Selbstvertrauen. Besitzt man Selbstvertrauen, hört man nicht mehr auf andere Menschen oder man nimmt sich das heraus, was gut für einen selbst ist. Das heißt, ist man mit sich selbst zufrieden, z. B. mit seinem Aussehen, mit seinem Tun oder

Benehmen, trägt man ein Strahlen in den Augen, und die meisten Menschen wissen nicht, was man eigentlich an sich hat, dass so anziehend wirkt oder andere auch wegschauen lässt. Seit ich mein Selbstvertrauen wiedergefunden habe, verlor ich viele Freunde, habe aber auch neue hinzugewonnen. Öfters erlebe ich, dass sich Bekannte bzw. Freunde eine Zeitlang von mir distanzieren und sich irgendwann wieder bei mir melden. Setzen sie sich nicht wieder mit mir in Kontakt, haben sie einfach nichts verstanden oder es waren keine wahren Freunde, denn mit wahren Freunden hat man Spaß, erlebt man gemeinsam schöne Dinge, redet und lacht. Man hat sie nicht in irgendeinem Chat getroffen oder kennt sie von einer Internetseite. Dies jedoch ist das, was die meisten Menschen heute unter Kommunikation verstehen. Es ist absolut nicht mein Ding.

Durch all diese Technik und diese Zahlenwelt haben Menschen leider ihre Menschlichkeit vergessen. Die Menschen, die ihre Herzen durch Verletzungen für immer verschließen, werden innerlich sterben, denn man hat sein Herz nicht, um es zu verschließen. Vor langer Zeit war Ich bereits tot, innerlich tot. Heute lebe ich und das mit ganzem Herzen. Ich versprühe auch ohne Partner Energie und pure Lebenslust, was wiederum niemand versteht. Jemand sagte mal zu mir, ich sei wie ein Wok. Ein Topf ohne Deckel. Meine Antwort darauf lautete: Dann bin ich das wohl, mit einem Deckel würde ich wohl ersticken. Mein Gegenüber sah mich sprachlos an.

Es gibt Situationen, in denen lässt man Dinge zu, die man eigentlich gar nicht möchte, z. B. lässt man sich zum Trinken verführen, zu Sex oder zum Shoppen. Anschließend fragt man sich, wieso man sich so schlecht fühlt. Die Antwort liegt auf der Hand. Man fühlt sich schlecht, weil man eigentlich nicht das getan hat, was man selbst wollte. Man ist müde und geht trotzdem aus, man hat genug getrunken, möchte eigentlich ins Bett. Doch genau in diesem Moment kommt irgendjemand, bittet einen noch zu bleiben oder doch noch etwas zu trinken. Aus irgendeinem unerklärlichen Grund bleibt man dann. Vielleicht, weil man glaubt, dass dieser Mensch einen mag und dann erfüllt man die Bitte dieses Menschen, aber einem selbst tut man damit keinen Gefallen. Meistens artet so etwas in einem Gelage aus oder man geht mit jemandem ins Bett, was man eigentlich nicht vor hatte und am nächsten Morgen fühlt man sich mies, was der anderen Person meistens völlig egal ist.

Ich hatte mal eine längere Beziehung mit einer so genannten Chatbekanntschaft. Dieser Mann war verheiratet, was er mir auch sofort anvertraute. So nahm ich an, er sei ehrlich. Wir verliebten uns ineinander, ich fühlte mich auf Händen getragen. Er überhäufte mich mit Geschenken, es war ein ganz tolles Gefühl. Ich erhielt jede Woche Blumen, nur am

Wochenende war ich allein. Dann fuhr er ja zu seiner Frau, die angeblich schwer krank war. Anfangs glaubte ich ihm. Durch genaues Beobachten seiner Handlungen, die Art, wie er sprach, spürte ich nach einiger Zeit, dass er mich belog. Man sieht an der Art wie ein Mensch sich bewegt, ob er verunsichert oder sicher ist. Ich kann nicht sagen, warum es so ist, aber manchmal nervt es mich, dass ich mehr sehe und spüre als andere Menschen. Dieser Mann hat mich regelrecht gekauft. Er war ein Materialist durch und durch und leider sind die meisten Menschen so. Sex und Geld regieren die Welt, aber niemand wird allein damit glücklich. Es gibt so viele Menschen, die Liebe mit Sex verwechseln und es steckt die große Angst in ihnen, alles zu verlieren, wenn sie kein Geld haben. Ich hatte noch nie viel Geld, doch ich kann Ihnen versichern, dass es mir wunderbar geht. Das, was ich habe, reicht zum Leben.

Nach neun Monaten Bekanntschaft mit diesem Mann stellte ich ihn eines Tages vor eine Entscheidung. Sie lautete: Deine Frau oder ich. Er versicherte mir ja immer wieder glaubhaft, er würde mich lieben. Er gaukelte mir dann vor, er würde seine Frau verlassen, aber ich glaubte ihm kein Wort. Nach einer Trennung von zwei Monaten gab ich ihm noch eine erneute letzte Chance. Er kam zu mir zurück und der ganze Zirkus ging von vorne los. Unter der Woche kam er zu mir, am Wochenende musste er dann wieder angeblich zu seinen Kindern oder auf Geschäftsreise. Fakt war für mich, dass er nicht bei mir war, und ich beendete unsere Beziehung erneut. Er durchlief schwere Depressionen, rief mich ständig an oder schrieb mir E-Mails, erzählte mir, wie schlecht es ihm ging. Ich sollte ihn bedauern. Eigentlich wollte ich einen Mann an meiner Seite haben, der mir den Rücken stärkte und bei dem ich mich geborgen fühlte und nicht ein weiteres Kind. Kinder hatte ich bereits zwei und für ein drittes Kind waren keine Nerven mehr bei mir vorhanden. Die Erklärung seiner Depression war für mich ebenfalls einfach. Er wollte alles haben, stand jedoch auf einmal sozusagen vor dem Nichts. Er hatte keine Frau mehr, keine Geliebte mehr und kein Geld mehr, da er mich ja mit Geschenken überhäuft hatte. Noch heute meldet er sich bei mir, warum auch immer. Er belog mich ständig und kommt mir heute vor wie ein Hündchen, das nicht ohne Frauchen sein kann. Zu ihm passt der Satz: Im Beruf erfolgreich, im Leben ein Versager.

Man kann im Leben nicht alles haben und schon gar nicht mit den Gefühlen anderer spielen. Menschen funktionieren nicht, sie leben, sie fühlen. Niemand ist eine Maschine, die bei Knopfdruck funktioniert. Wenn eine Maschine defekt ist, lässt man sie reparieren. Einen Menschen repariert man nicht so leicht. Es nimmt mitunter Jahre in Anspruch, bis sämtliche verletzten Gefühle wieder geheilt sind. All das weiß ich aus eigener, schmerzhafter

Erfahrung. Einige Menschen brachte ich zum Nachdenken, und viele wollten so leben wie ich. Leider ist aber den meisten Menschen dieser Weg zu lang und zu beschwerlich. Ein Mensch, der z. B. 30 oder 40 Jahre auf eine Art und Weise gelebt hat, der ändert sich nicht so schnell; außer mit viel Arbeit an sich selbst. Es gibt viele, die sich nicht wohl fühlen, aber nicht wissen aus welchem Grund. Einigen gab ich Tipps, z. B. einen Psychiater aufzusuchen, um einfach nur zu reden, doch die meisten wollen so etwas nicht, da es für sie ein Eingeständnis wäre, krank oder im Volksmund verrückt oder nicht normal zu sein. Da fragt man sich doch: Was ist schon normal? Zu diesem Thema las ich vor einiger Zeit ein tolles Buch des Psychiaters Manfred Lütz, das ich jedem empfehlen kann, mit dem Titel: IRRE! Wir behandeln die Falschen, unser Problem sind die Normalen. Kein Mensch auf dieser Welt ist es wert, dass man sich selbst aufgibt. Dies klingt vielleicht egoistisch, ist es aber nicht. Jedenfalls nicht von meiner Seite aus. Ich gebe gerne, setze aber meine Grenzen, wenn ich bemerke, dass mir etwas zu viel wird. Die meisten Menschen vergessen sich selbst, weil sie zu gut sind und immer nur an andere Menschen denken, sei es an Familie oder Freunde. All das erlebte ich auch bis mein „Akku" leer war.

Täglich besteht das Leben aus Geben und Nehmen. Wenn man immer nur gibt und nichts zurückbekommt, fühlt man sich plötzlich innerlich vollkommen leer und die Seele wird krank. Man hat keine Gefühle mehr, kann sich an nichts mehr erfreuen und ist enttäuscht von all den Menschen, denen man so viel gegeben hat. Diesen Gefühlszustand nennt man Depression. Diese Krankheit kann einen umbringen oder man erreicht ein Stadium, in dem man selbst versucht, sich das Leben zu nehmen. Wie bereits zuvor geschildert, ich versuchte es zwei Mal, doch eine höhere Gewalt wollte mich noch nicht, und das war auch gut so. Das Leben ist viel zu schön, um es hinzuschmeißen. Dieser Tag war der 18. Juni 2008 und ich feiere ihn noch heute als meine Wiedergeburt.

Oberste Priorität im Leben: Man sollte immer zuerst die Dinge tun, die einem selbst wichtig erscheinen. Man kann nicht alles auf einmal erledigen, denn jeder hat nur zwei Hände und einen Kopf zum Denken. Ich ziehe es vor, eins nach dem anderen mit ganz viel Ruhe und Gelassenheit abzuarbeiten und dabei keinesfalls etwas zu überstürzen. Wenn man so handelt, gelingt einem viel mehr als man glaubt.

Vielleicht fragen Sie sich aus welchem Grund erzählt uns die Autorin dies alles? Ich erzähle es, damit viele Menschen verstehen, warum ich auf einmal krank wurde. Um zu verstehen, dass Depressionen nicht von heute auf morgen kommen, muss man ein Leben kennen. Diese Krankheit schleicht sich langsam an einen heran. Man spürt es anfangs gar nicht, bis man dann irgendwann so wie ich am Boden zerstört und zu nichts mehr fähig ist. Man muss diesen Zustand am eigenen Leib erlebt haben, ansonsten kann man dieses Gefühl nicht richtig verstehen. Fast jeder Mensch hat Depressionen, aber nicht jeder kann damit umgehen. Viele Menschen spielen mir vor, sie hätten in ihrem Leben alles im Griff, aber ich sehe sie nur fallen. Auch wenn diese Menschen meine Ratschläge aus eigener Erfahrung hervorgerufen nicht annehmen, liebe ich sie, was sie mir leider nicht immer glauben oder was sie nicht annehmen können.

Meine Söhne z. B. haben schon so viel in ihrem jungen Leben gesehen, was ihnen heute noch nicht bewusst ist. Sie haben ihr Leben lang unbewusst ihren Vater gesucht, doch dieser ist so egoistisch und denkt nur an sich. Er hat vier Kinder und hat sie alle im wahrsten Sinne des Wortes fallen lassen nach unserer Scheidung. Die Vorwürfe seinerseits erhielt ich. Ich war krank und die schwächere Person für Dinge verantwortlich zu machen, ist der einfachste Weg. Heute bin ich stärker als alle zusammen, denn heute weiß ich, dass ich damals trotz meiner Krankheit immer mein Bestes gegeben habe. Nie wieder nehme ich solche Vorwürfe mehr an und langsam versteht mein Umfeld, dass ich nicht die Böse war.

Die meisten Menschen fühlen sich nicht geliebt, und auch ich hatte sehr oft dieses Gefühl. Ganz speziell nach meiner Scheidung fühlte ich mich sehr allein gelassen. Meine Kinder waren noch zu jung, um zu verstehen, was in mir vorging. Und zu diesem Zeitpunkt wusste ich auch selbst nicht genau, was mit mir los war. Ich suchte bei Männern, bei meinen Kindern, bei meiner Familie Liebe, Zuneigung und Geborgenheit. Nirgends fand ich diese Dinge. Doch nach viel Lektüre zu diesem Thema, Therapien, guten und schlechten Menschen entschloss ich mich, damit zu beginnen, mich einfach selbst zu lieben. Das Buch „Liebe dich selbst, dann ist es egal, wen du heiratest" von Eva Maria Zuhorst, kann ich zu diesem Thema empfehlen.

Am Anfang meiner Genesung habe ich alles und jeden abgelehnt. Ich hatte quasi wie eine Art Schutzmantel um mich, doch mit der Zeit habe ich mich so wie ich bin wiedergefunden. Ich hab mein Herz nach und nach wieder geöffnet und mich langsam daran erinnert, wie ich wirklich bin. An die Zeit, wie ich als Kind war. Unbeschwert und ohne Sorgen. Es mag sich vielleicht so anhören, doch es ist heute noch nicht einfach. Sogar meine Söhne stellen mich ab und an als senil oder verrückt hin. Sie lernten nach meinen Therapien eine andere Mutter kennen, als die, die sie gewohnt waren. Eine Frau, die weiß, was sie will und weiß, was sie nicht will.

Ein weiterer ganz wichtiger Aspekt im Leben ist die Tatsache, sich selbst voll und ganz anzunehmen. Sein Alter, die Falten, seinen Körper und alles, was dazu gehört. Wenn die Seele gesund ist, ist der Körper es auch. Ein langer Weg, dessen Ziel man nur durch ganz viel Selbstbeobachtung erreichen kann, denn man kann nur lieben, wenn man sich selbst liebt oder wahrhaft geliebt wird. Ist man all diese gerade genannten Schritte erfolgreich gegangen, ist auch das Alleinsein besser zu ertragen. Alleine ist man nur, wenn man das auch will. Auf alle Fälle lebe ich nach diesem Motto und fühle mich sehr wohl in meiner Haut.

Nach meiner zweiten Scheidung verliebte ich mich erneut und kämpfte fünf Jahre um diese Liebe. Dieser Mann lehnte mich immer wieder ab, außer des Nachts, dann rief er mich an, weil er sich alleine fühlte. Ich fühlte mich wohl bei ihm und war aus diesem Grund auch des Öfteren bei ihm. Leider konnte er sich nicht nur auf eine Frau beschränken und das wiederum war für mich inakzeptabel. Eigentlich kannte ich diesen Mann schon eine lange Zeit, doch in der Zeit in der ich verheiratet war, gab es für mich keine anderen Männer. Ich war so stark auf meinen damaligen Ehemann fixiert, dass ich nicht einmal sah, dass ich auch anderen Männern gefiel.

Die Geschichte begann unrealistisch. Ich saß in der Dorfkneipe und spülte wie so oft meinen Frust herunter. Mein ältester Sohn, der ebenfalls anwesend war, schaute missmutig zu und als er irgendwann am Abend der Ansicht war, ich hätte genug getrunken, bat er diesen Mann, mich nach Hause zu begleiten, der dieser Bitte dann auch liebevoll nachkam. Es war Sommer und wir mussten ein Stück zu Fuß des Weges. Da wir beide etwas angetrunken waren, setzten wir uns nach kurzer Zeit an den Wegesrand und plauderten noch sehr lange miteinander. Diese Szene werde ich nie vergessen.

Nach diesem Abend trafen wir uns öfter. Zu diesem Zeitpunkt war mir nicht bekannt, dass er bereits eine Freundin hatte und mit der Zeit fühlte ich mich immer wohler in seiner Nähe. Nirgendwo war es mir möglich, tief und fest zu schlafen, in seinen Armen ging es. Er teilte mir ehrlich mit, keine Beziehung haben zu wollen. Er war verheiratet gewesen und wurde ebenfalls sehr verletzt. All das verstand ich nur zu gut, doch er verstand nie, dass auch ich diesen Weg hinter mir hatte.

Wir stritten und versöhnten uns, wir lachten und spielten ab und an verrückt. Wir verbrachten wunderschöne Stunden zusammen, die ich nie vergessen werde, und er sicherlich auch nicht. Meiner Freundin beschrieb er einmal unsere Nächte, verlieh mir in diesem Gespräch aber einen anderen Namen, doch ich erkannte mich wieder. Natürlich gibt er dieses Gespräch mit meiner Freundin heute nicht zu. Übers Internet machte er Liebesgeständnisse und verlieh mir erneut diesen Namen. Einmal brachte ich ihn dazu, mit mir zu malen. Für mich war dies eine der schönsten Nächte, die ich mit ihm verbracht habe.

Es ist noch nicht sehr lange her, da traf ich ihn wieder. Mittlerweile hat er erneut eine Freundin, und ich respektiere sein Leben und auch seine Freundin. Akzeptieren kann ich es nicht. Es schmerzt zu tiefst, wenn ich ihn mit seiner Freundin sehe, doch man soll sich auch mit Dingen konfrontieren, die schmerzen. Nur so ist man in der Lage, eigene Gefühle wieder zu erkennen und sich selbst zu spüren. Nach meiner zweiten Scheidung lernte ich viele Männer kennen, doch niemals mehr spürte ich einen Mann in dem Ausmaß, wie ich ihn spürte. Es war einfach wunderschön. Was konnte ich noch tun? Ich gestand ihm, was ich für ihn empfinde, aber er glaubte mir nicht, und daran kann ich nichts ändern. Ich habe nie aufgehört ihn zu lieben, ich hab auch nie aufgehört, um ihn zu kämpfen. Kann ihn nicht vergessen. Es ist schon erstaunlich, wie die Tatsache, Dinge zu verschweigen eine Beziehung zwischen zwei Menschen vergiften kann, die sich innig lieben.

Leider fällt man immer auf dieselbe Art von Männern herein. Ich finde immer die Hilfsbedürftigen. Die, die im Leben nicht alleine klar kommen und eigentlich nicht wissen, was sie wollen. Sie wollen eine Beziehung, möchten aber nichts von ihrem bisherigen Leben aufgeben. Dies allerdings passt nur teilweise zusammen. In einer Beziehung muss man immer einen Teil von sich selbst aufgeben, doch das verstehen die meisten Menschen nicht. Mache ich eine neue Bekanntschaft, sage ich gleich zu Anfang, dass ich mein Leben und auch meine Ziele nicht aufgebe. Anschließend schaue ich, wie mein Gegenüber damit klar kommt. Ich kann Ihnen sagen, die wenigsten Menschen kommen damit klar.

Vielleicht ist dies auch alles schwer zu verstehen, doch ich möchte mich einfach nicht mehr von jemandem abhängig machen. Sei es in finanzieller oder emotioneller Art. Trotzdem gebe ich in einer Beziehung alles, doch die meisten Männer sind einfach nicht fähig, etwas zurückzugeben. Eine Beziehung besteht aus Nehmen und Geben, was die meisten aber nur auf finanzieller Basis verstehen. Auch im Gefühlsleben muss man geben können. Wer beim Sex nichts gibt, gibt auch im Leben nichts.
Ich kann versichern, dies alles nicht nur so zu erzählen, ich habe es wirklich am eigenen Körper erlebt. Die meisten Menschen verschließen ihr Herz, weil sie Angst vor Verletzungen haben und kontrollieren somit ihre Gefühle. Dies sollte man aber nicht machen, ansonsten verletzt man sich selbst und geht

daran kaputt. Eine Sache habe ich mir geschworen. Ich lasse niemals mehr zu, dass ich durch irgendjemanden untergehe, denn ich lebe nur einmal. Es mag erneut egoistisch klingen, doch mein Leben ist es mir wert.

Da ich das Verhalten der Menschen studiere, sehe ich selten, dass sie ihre Herzen öffnen, und wenn ich sie darauf anspreche, verstehen sie mein Gesagtes nicht oder wollen es nicht verstehen. Jeder Mensch sollte etwas selbstloser sein. Ich würde jemandem mein Letztes geben, doch spüre ich, dass man mich ausnutzt und es an meine Substanz geht, verschließe ich mich diesem Menschen gegenüber. Allerdings gibt es auch noch „gute" Menschen auf dieser Welt, auch wenn sie eher selten vorkommen. Man sollte nicht alle auf einen Haufen werfen, sagt man immer und man tut es trotzdem Menschen, die einem Gutes tun, oder die einen zur Einsicht bringen sollte man schätzen und nicht verdammen, weil somit mal wieder jemand ins eigene Leben getreten ist, der einem die Wahrheit sagte. Die Wahrheit verletzt im Übrigen nur, wenn man nicht annimmt, dass es die Wahrheit ist. Hierzu eine kleine Geschichte.

An einem Sonntag verbrachte ich einen wunderschönen Tag mit meinem Bruder und seiner Freundin. Wir gingen gemeinsam essen und anschließend etwas trinken. Nachdem die beiden gegangen waren, suchte ich meine Stammkneipe auf, in der sich einige Bekannte von mir aufhielten. Ich muss leider eingestehen, dass ich am Ende dieses Abends sehr betrunken war. Zwei Tage später kam ich erneut mit diesen Bekannten zusammen, die mir dann vorhielten wie betrunken ich war. Sie gaben zu, mir einiges in mein Bier gemischt zu haben, was mich sozusagen komplett „aus der Bahn geworfen hat". Man sprach nur von mir, weil ich die einzige war, die zugegeben hatte, betrunken gewesen zu sein. Alle anderen waren angeblich stocknüchtern, wie sie behaupteten. Keinesfalls war dies so, denn es waren alles Menschen, die ich sehr gut kenne und von denen ich weiß, dass fast jeder von ihnen täglich betrunken ist bzw. nicht mehr ohne Alkohol leben kann.

Ich für meinen Teil finde es bedeutend schlimmer, Alkohol zu benötigen, um zu leben, als einmal in der Woche durchzuknallen und anschließend wieder „geheilt" zu sein. Gehe ich aus, mache ich sozusagen Party, denn ich bin kein Mensch von Traurigkeit und werde es auch nie mehr sein. Mit Alkohol ist das Leben einfach viel unbeschwerter. Benötigt jemand dieses Zeug aber täglich, um zu überleben, ist so etwas sehr schlimm und gefährlich. Solche Leute betitele ich dann als Alkoholiker. Und dieser Mann, in den ich mich z. B. damals Hals über Kopf verliebte, ist so ein Mensch. Nach der Arbeit saufen bis der Alkoholpegel erreicht ist, anschließend schlafen, was er eigentlich schon lange nicht mehr richtig kann. Ich muss schon sagen, dass ich ihn selten vollkommen betrunken gesehen habe, doch man sagte mir Alkoholiker vertragen auch einiges und werden nicht so schnell betrunken. Trotz allem liebe ich diesen Mann bis zum heutigen Tage. Ich habe es mit einigen Beziehungen versucht, die daran scheiterten, weil ich von diesem Mann einfach nicht loskomme.

Er ist ein sehr zärtlicher Mann, der leider immer mehrere Freundinnen hatte. Eine zum Zahlen, eine fürs Bett. Eigentlich suchte er sich die Frau aus, die gerade zu seinem Bedürfnis passte. Viele Männer leben heute so, „machen" einen auf glücklich, sind aber innerlich sehr traurig und sehnen sich einfach nur nach Nähe und Zärtlichkeit wie eigentlich jeder Mensch. Wahrscheinlich wurden sie irgendwann in ihrem Leben stark verletzt und diese Verletzungen sitzen so tief in ihren Seelen, dass sie ihr Herz nicht mehr öffnen wollen. Hierbei handelt es sich aber um einen großen Irrtum, den diese Menschen begehen, denn trotz starker Verletzungen sollte man nach angemessener Zeit wieder etwas riskieren, sein Herz für diejenigen Menschen schließen, die einen verletzen wollen, doch aber nicht grundsätzlich.

Ich wollte jedenfalls diesen Mann nie verletzen. Leider glaubt er mir nicht, und ich bin in dieser Sache machtlos geworden, habe mein Unmöglichstes versucht, komme jedoch nicht an ihn heran. Seit über fünf Jahren geht das jetzt so. Entweder ist diese Liebe nur einseitig, was ich nicht glaube, denn sehen wir uns, knistert es immer zwischen uns. Ich stellte mir die Frage: Was soll ich machen? Ich bin mir zu schade, um ständig irgendjemandem hinterher zu rennen. So entschied ich mich, ihn weiterhin in meinem Herzen zu tragen und alleine zu bleiben. Trotz allem werde ich nicht traurig in einer Ecke sitzen. Ich habe mir vorgenommen wieder zu lachen und das Leben zu genießen. Und das werde ich tun, egal was kommt. Werde tanzen, malen, reisen und einfach drauf los leben. Soll er sein trauriges Leben weiter leben. Ich wollte ihm helfen, aber wenn er meine Hilfe nicht annimmt, kann ich nichts mehr tun. Diese Erkenntnis stimmt mich oft sehr traurig. Meistens verscheuch ich die Gedanken an ihn aus meinem Kopf. Es gibt Momente, in denen ich um die Liebe, die in meinem Herzen wohnt, weine. Eine Zeitlang suchte ich oft die Orte auf, an denen ich diesen Mann finden konnte. In letzter Zeit mache ich dies seltener, doch ich kann es nicht lassen, ihn von Zeit zu Zeit zu sehen. Dann habe ich die Gewissheit, dass sich an meinen Gefühlen für ihn nichts geändert hat. Er hat ebenfalls jede Möglichkeit mich zu finden. Sollte er irgendwann vor meiner Tür stehen, wäre das wunderschön für mich. Doch das wird er nicht tun, da er einfach zu scheu ist. Obwohl mir all diese Dinge vollkommen bewusst sind, gebe ich die Hoffnung einfach nicht auf.

Es hat mich so viele Jahre Arbeit an mir selbst gekostet, so zu denken, wie ich jetzt denke. Es heißt immer wieder umdenken und achtsam sein, dass es einem selbst gut geht. Dies ist jeden Tag ein Kampf, aber am Ende hat man das Resultat, dass man sich gut fühlt und das ist das wichtigste; wenigstens für mich. Außerdem kann man anderen Menschen nur helfen, wenn es einem selbst gut geht, und darum achte ich stets darauf, dass ich mich wohl fühle. Wenn ich mich so umhöre, fällt mir auf, dass viele Menschen in irgendeiner Ecke ihres Herzens jemanden haben, den sie mehr lieben als die Person, mit der sie gerade zusammenleben. Und dann irgendwann durch Zufall oder durch Bemühen findet man sich wieder oder auch nicht.

In unserer Gesellschaft fehlt es vielen Menschen an Selbstvertrauen. Dieses Defizit liegt viel an unserer Erziehung, die in Teilen zu eng gewesen ist. Ständig „musste" man etwas und irgendwann bestand unser Leben nur noch aus „Müssen". Man sollte sich bewusst machen, dass das Sterben das einzige ist, was wir „müssen".

Viele meiner Bekannten sagen mir immer wieder, ich hätte Recht, mit dem was ich sage. Meine Direktheit lässt sie lachen oder sie erschrecken sich und ziehen sich zurück. Ich habe so gut wie vor nichts mehr Angst. Auch nicht davor, „Freunde" zu verlieren, denn richtige Freunde sind nicht beleidigt, wenn man etwas Negatives äußert. Richtige Freunde nehmen so etwas einfach an und man lacht irgendwann zusammen darüber. Leider gibt es nicht viele Menschen, die so reagieren, und aus diesem Grund habe ich auch nicht viele Freunde und auch keinen Partner an meiner Seite. Mittlerweile habe ich mich daran gewöhnt. Trotzdem gibt es Tage, an denen mein Telefon pausenlos klingelt. Meistens kontaktieren mich Menschen, um gute Ratschläge zu bekommen, weil die Mehrheit der Leute, die ich kenne, Schwierigkeiten in Beziehungen o. ä. haben. Manchmal komme ich mir vor wie „Mutter Theresa". Gern stehe ich ihnen mit Ratschlägen zur Seite, doch die meisten verstehen nicht, dass nicht ich ihre Probleme lösen kann, sondern nur sie selbst. Mir sagte damals mein Therapeut: „Wenn du nicht gewollt hättest, hätte ich nichts ausrichten können". „Wo ein Wille ist, ist auch ein Weg".

Das Problem ist, dass all diese Wahrheiten sehr oberflächlich behandelt werden. Die meisten sagen solche Sätze einfach so dahin und denken nicht darüber nach. Fragt mich jemand etwas, fällt mir meistens immer eine passende Weisheit zu dessen Problem ein. Mit den Menschen, die mir überhaupt nicht zuhören, gebe ich mir keine Mühe mehr. Zum Glück gibt es schon einige in meinem Leben, die wenigstens versuchen, an sich etwas zu verändern. Sehe ich das, bin ich gerne bereit, ihnen weiterhin zu helfen.

Anderen gebe ich nur Recht, weil sie einfach zu stur sind, die Tatsache anzunehmen, dass auch andere Menschen Recht haben. Diese Menschen muss man dann einfach ihre Erfahrungen alleine machen lassen. Wahrscheinlich kommen sie irgendwann einmal zu mir und sagen: „Wie recht du hattest", doch meistens ist es dann zu spät, oder sie müssen hart kämpfen, um wieder auf die Beine zu kommen. Hierzu habe ich eine passende Geschichte aus meiner Familie.

Mein Neffe leidet seit Jahren an Verdauungs- und Darmproblemen. Er hat sämtliche Ärzte und Untersuchungen hinter sich und niemand findet die wirkliche Ursache seiner Beschwerden außer Fructose- und Laktose-Allergie. Obwohl er auf seine Ernährung achtet, ändert sich an seinem Zustand nichts. Öfters versuchte ich, an ihn heranzukommen und erklärte ihm, wo sein Problem liegt. Noch nie in seinem Leben musste er für sich selbst sorgen, lebte immer unter der Obhut seiner Eltern, obwohl er mittlerweile 27 Jahre alt ist. Er studiert und kommt angeblich wegen seiner Krankheit nicht zum Abschluss. Ich riet ihm, sein Leben selbst in die Hand zu nehmen, damit sich bei einstellenden Erfolgen auch seine organischen Probleme klären. Mein Neffe allerdings glaubt mir nicht und hat Angst, sein Elternhaus zu verlassen. So lebt er weiterhin von Nudeln, Kaffee, Wasser und Eiern. Schade, dass er nicht dieses Risiko auf sich nimmt und wenigstens eine Kur im Ausland antritt. Er ist ein sehr intelligenter, junger Mann, leider nur ein Kopfmensch. Er weiß nicht einmal, was Gefühle sind. Sein Leben funktioniert nur über den Kopf. Ich bin überzeugt davon, dass er nicht mehr weiß, was Weinen überhaupt ist. Denn, wie er mir bei unserem letzten Gespräch sagte, muss er Augentropfen nehmen, da seine Augen zu trocken sind und das mit 27 Jahren. Normalerweise kommen solche Dinge in zunehmendem Alter vor. Auch ich hatte ein derartiges Problem. Meine Augen schmerzten heftig und brannten wie Feuer. Mein Augenarzt stellte fest, dass meine Tränendrüsen verstopft waren. Er öffnete sie und als ich ihn fragte, woran so etwas liege, antwortete er mir: „Ich glaube, Sie haben vergessen zu weinen". Ich sah ihn sprachlos an. Später verstand ich dann seine Worte und heute unterdrücke ich meine Tränen nicht mehr. Meinen Augen geht es gut.

Das Schlimmste, was uns Menschen befallen kann, ist diese verdammte Angst vor Veränderungen. Das klingt vielleicht etwas arrogant, aber mir kann das alles nicht mehr passieren. Ich habe keine Angst vor Veränderungen, ich liebe sie. Mir gefällt es, an neue Orte zu gehen und neue Menschen kennenzulernen. Geht man immer an dieselben Orte, sieht man immer dieselben Menschen, und das ist auf Dauer langweilig.

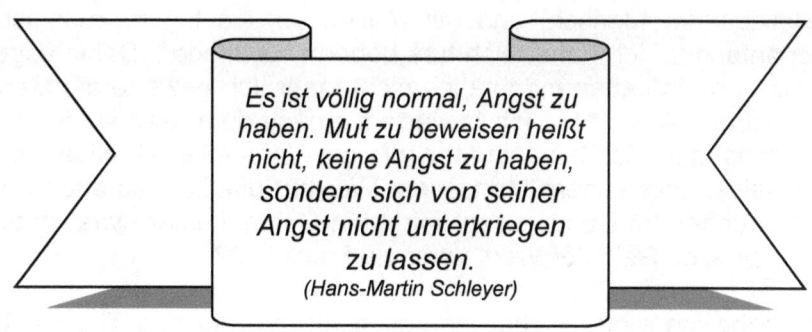

Es ist völlig normal, Angst zu haben. Mut zu beweisen heißt nicht, keine Angst zu haben, sondern sich von seiner Angst nicht unterkriegen zu lassen.
(Hans-Martin Schleyer)

Mein Therapeut riet mir vor Jahren, mein Umfeld zu verändern. Das versuchte ich, habe aber trotzdem immer dieselbe Kategorie von Menschen getroffen. Der einzige Unterschied ist, dass die einen mehr Geld haben als die anderen. Aber Geld macht nicht glücklich, und die Menschen, die so etwas glauben, tun mir sehr leid. Leider existieren viele, die so denken, bis sie irgendwann einmal krank werden und vielleicht dann begreifen, dass Gesundheit das Wichtigste ist im Leben, was man hat. Ich muss ehrlich zugeben, dass mir das auch erst richtig bewusst wurde, als ich am Boden lag. Anschließend lebt man viel bewusster, lernt sein Leben zu schätzen und jeden Tag zu genießen, egal auf welche Art, auf jeden Fall so, dass das eigene Leben wieder lebenswert ist.

Muss ich lügen, wenn die halbe Welt lügt? Ich glaube nicht, denn sonst bin ich nicht mehr ich selbst. Ich verlor mein Ich und hatte Mühe und Not, es wiederzufinden. Ich möchte mich nie mehr verlieren. Bin ein wahrheitsliebender Mensch, und mit Menschen, die lügen, kann ich nicht allzu viel anfangen. Ich habe mich fürs Leben entschieden. Dahin vegetieren war einmal. So ein Leben möchte ich nicht mehr. Ich bewerte die Menschen nicht nach ihrem Aussehen. Ich bewerte sie nach dem, was sie tun und wie sie mich behandeln. Ich bin kein Mensch, der Vorurteile hat, bilde mir meine Meinung selbst über andere Menschen. Wer nur glaubt, was andere sagen, ist ziemlich unfrei. Im Übrigen sagt mir mein Gefühl immer, was ich tun soll. Was nützt dir alles Geld der Welt, wenn du krank bist?

Letztens habe ich meinen Therapeuten noch mal auf das Thema „Umfeld verändern" angesprochen. Fragte ihn, wie ich mich diesbezüglich am besten verhalten sollte. Er antwortete mir, es sei schwer, in dieser materialistischen Welt Menschen zu finden, die gleich denken. Ich musste ihm Recht geben. Menschen müssen begreifen, dass nicht andere daran schuld sind, dass es ihnen schlecht geht. Ich hätte schon vielen helfen können. Aber sich Fehler eingestehen und einsehen, dass man etwas falsch macht, das können die wenigsten von uns, und wenn wir dann selbst nicht zufrieden sind, suchen wir die Fehler meistens bei anderen, anstatt bei uns selbst anzufangen. Viele Leute in meinem Umfeld behaupten, ich wäre eine Besserwisserin und perfekt. Das alles bin ich nicht, ganz bestimmt nicht. Ich bin einfach nur die, die jedem ins Gesicht sagt, was sie von ihm hält; ob negativ oder positiv. Ich finde so ein Verhalten als den richtigen Weg. Was die Leute von mir denken, ist mir mittlerweile völlig egal. Viel zu oft habe ich mir über andere Menschen Gedanken gemacht. Was sie von mir denken oder was sie über mich reden. Solche Gedanken machen nur krank, lassen Ängste aufkommen, die komplett unnötig sind. Angst, Freunde zu verlieren, den Partner oder die

Kinder. Mittlerweile habe ich viele Freunde verloren, doch die meisten kommen zumindest dann zurück, wenn es ihnen schlecht geht.

Oft bin ich alleine zu Hause, aber wenn ich ausgehe, ist das Alleinsein nicht von langer Dauer. Dann werde ich von Männern umschwirrt. Manchmal unglaublich, aber es ist so. All das hat nur teilweise mit meinem Aussehen zu tun. Es ist einfach meine Ausstrahlung und meine Natürlichkeit, die anzieht.

Ich bin durch und durch ein logisch denkender Mensch. Die meisten Menschen vergessen oder verdrängen ihre Vergangenheit und die Mehrheit denkt nur an die negativen Momente und vergisst die schönen Momente, die man gemeinsam mit einem Mitmenschen erlebt hat. All das kann ich nur zu gut verstehen, denn ich hatte ebenfalls diese Probleme. Nur mit dem Unterschied, dass ich während meiner Krankheit wirklich alles vergessen hatte. Das Negative und das Positive.

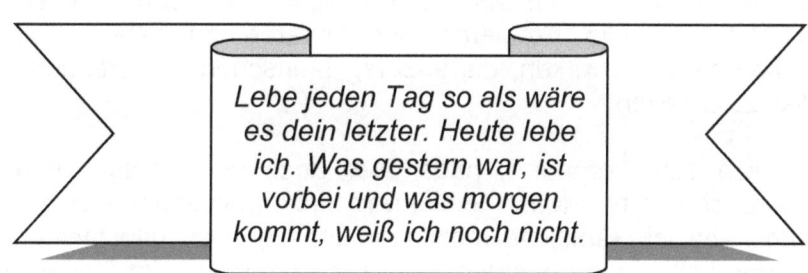

Lebe jeden Tag so als wäre es dein letzter. Heute lebe ich. Was gestern war, ist vorbei und was morgen kommt, weiß ich noch nicht.

Immer wieder sind es dieselben Geschichten. Man kann tausend Menschen beschreiben und kommt immer wieder auf den gleichen Stand. Nämlich, dass die Menschen vergessen zu leben. Leben heißt genießen. Zum Beispiel ein gutes Essen. Es nicht gedankenlos in sich hinein stopfen. Ich kenne viele Menschen mit Übergewicht, die aufgrund dessen sogar gesundheitliche Probleme haben. Aber ich kenne auch viele, die zu dünn sind und durch ihren Stress, den sie sich selbst antun, einfach nichts mehr essen können. Ich gehörte zu dieser Kategorie, litt an Schluckbeschwerden und bekam einfach nichts mehr hinunter. Mir ist heute bewusst, woher meine Schluckbeschwerden kamen. Ich hatte zu viel „Scheiße" in meinem Leben geschluckt und nie gesagt, was ich dachte. Fast hätte mich all dies mein Leben gekostet. Mittlerweile hat sich mein Magen verkleinert, und ich muss mich daran gewöhnen, kleine Portionen zu mir zu nehmen.

Durch unsere Psyche, d. h. durch unseren Kopf, können viele organische Krankheiten entstehen, wenn wir blockiert sind. Unser Körper sagt uns, wenn für ihn quasi das Maß voll ist. Er gibt uns sogar Warnsignale, die wir einfach nur wahrnehmen müssen. Kommt z. B. eine Person von 150 kg zu mir, die gern trinkt und sagt ich trinke zu viel, gebe ich ihr recht, weil dies der Fall ist. Ich hingegen darf ihr aber nicht sagen, dass sie zu viel isst, obwohl dies auch klar auf der Hand liegt, sonst wäre sie vielleicht beleidigt. Und weil ich diese Person eigentlich mag und weiß, dass sie ihr eigenes Problem kennt, muss ich ihr nichts sagen. Die meisten Menschen kennen nämlich ihr eigenes Problem nur zu gut, wollen aber daran nichts verändern. Es ist für die meisten einfacher, die Probleme der anderen zu sehen und durch Manipulation dahin zu wirken, die anderen Menschen zu verändern, als an sich selbst zu arbeiten.

Ich hab mich sehr verändert, habe aber doch noch einige Untugenden beibehalten. Ich rauche wie ein Schlot und trinke manchmal noch zu viel. Im Gegenzug habe ich sämtliche Medikamente abgesetzt und meinen Schlaf zum Teil dadurch wiedergefunden. Lebt man so wie ich im Ruhestand, hat man nicht allzu viel nachzudenken. Man „muss" nicht mehr so vieles und lebt ein wenig in den Tag hinein. Das bedeutet allerdings nicht Langeweile. Langeweile kenne ich nicht. Malen, lesen, schreiben, fernsehen. Das alles konnte ich nicht mehr während meiner Krankheit, habe es wie ein Kleinkind erst wieder erlernen müssen. Ich konnte nicht mehr schreiben, nicht mehr Auto fahren so zitterte ich, konnte mich eigentlich auf nichts mehr konzentrieren. Es war ein schier unmögliches Leben.

Nach wie vor bin ich der Meinung, die meisten Schwierigkeiten im späteren Leben kommen sowieso durch unsere Kindheit. Auch mein Stiefsohn hat noch mit 38 Jahren Schwierigkeiten damit, dass er weder eine Mutter, noch einen Vater hatte. Es mangelt ihm an Zärtlichkeit von Seiten der Mutter und an Festigkeit von Seiten des Vaters. Meine Stieftochter z. B. hat sehr viel in ihrem Leben mitgemacht. Leider konnte ich ihr damals nicht helfen, da ich selbst krank war, und sie auch mehr oder weniger den Kontakt nach meiner Scheidung zu mir abbrach. Zum Glück fand sie einen wunderbaren Mann, der sie nicht fallen ließ, als sie krank wurde. Ich wünsche ihr alles Glück dieser Welt. Öfters ging ich auf sie zu, leider kam bis jetzt nie etwas von ihr zurück. Sie sagte mir immer, nicht zu wissen, was eine Mutter ist. Damals bezog ich das auf mich. Ich selbst hatte ja auch nicht das beste Elternhaus, musste viel zu früh Verantwortung übernehmen und all das hat sich auf mein späteres Leben ausgeprägt. Meine vier Kinder litten sehr unter dem passiven und egoistischen Vater. Sie litten auch darunter, dass ich zeitweise starke Alkoholikerin war und mich später auch passiv verhielt.

Momentan befinde ich mich in einer Art Loslass-Phase in Bezug auf meine Söhne, vom Haus, in dem ich die letzten 25 Jahre verbrachte und von vielen Menschen, die ich gut kannte. Wie bereits erwähnt zog ich von Luxemburg nach Deutschland, habe mir ein Häuschen gekauft, um endlich meine Ruhe zu finden und das machen zu können, was mir wirklich Spaß macht. Eins kann ich im Nachhinein sagen, dieses Loslassen ist nicht einfach.

Auch meine große Liebe habe ich zurückgelassen. Er wollte mir wie immer all das ausreden, was mir gut tut. Lieben und vermissen tue ich ihn noch immer, aber ihm das sagen hat wohl keinen Sinn. Eine Antwort würde ich sowieso nicht erhalten. Vielleicht findet er doch eines Tages den Weg zu mir. Man sagt ja immer, was zusammengehört, findet auch zusammen. Eins weiß ich genau, lieben kann ich keinen anderen Mann. Ich werde hoffen und warten. Wenn er mich wirklich liebt, wird er zu mir kommen oder sich melden. Wenn nicht, habe ich mich in ihm geirrt. Mir ist bewusst, evtl. Jahre zu warten, aber ich habe noch so viel vor und werde alles, was ich mir vorgenommen habe, auch durchziehen. Mein Traum ist, Venedig zu bereisen, und ich bin mir ganz sicher, dort eines Tages zu sein. Alleine oder zu zweit. Schauen wir mal, was sich noch alles tut in der schönsten Zeit meines Lebens.

Ein gutes Selbstbewusstsein erlernt man nicht durch ein Buch oder beim Nachahmen von selbstbewussten Menschen. Man erlernt es nur an den Dingen, die man alleine schafft. Ich habe viele Jahre daran gearbeitet, selbstbewusst aufzutreten. Las viele Bücher, lernte aber auch durch praktische Übungen mit mir selbst und von anderen Menschen. Im Buch „Das Geheimnis des Loslassens" beschreibt der Autor Master Han Shan sein

Leben, und wenn man dieses Buch liest, fühlt man sofort eine innere Ruhe in sich. Einige Menschen lernte ich kennen, die versucht haben, ein paar Jahre in einer anderen Kultur, in einem anderen Land, zu leben, um ihren inneren Frieden zu finden. Einige sind dort geblieben, wie Master Han Shan, die meisten kehrten zurück. Entweder vermissten sie die Heimat zu sehr oder einen geliebten Menschen. Nach dieser Rückkehr fallen diese Menschen gerne wieder in ihr altes Schema zurück und enden evtl. in dieser anscheinend „ansteckenden" Krankheit Depression.

Manche Menschen bekommen Krebs, oder irgendeine andere Krankheit und finden sich meistens damit ab. Ich glaube, dass 90 %unserer Krankheiten durch eine kranke Psyche entstehen. Meistens glauben die Menschen zu sehr, was andere zu ihnen sagen, anstatt an sich selbst zu glauben. Sie torpedieren sich mit Selbstzweifeln und haben Angst, sie könnten jemanden verletzen. Hierzu eine kurze Geschichte.

Ich hatte mal eine Putzfrau, sie war meine Nachbarin. Am Anfang war alles sehr angenehm, ich war froh, so eine liebe Nachbarin zu haben. Wir verstanden uns gut. Ich versuchte ihr zu vertrauen, gab ihr meinen Wohnungsschlüssel und ließ sie alleine in meinem Haus walten und schalten. Trotz meines Vertrauens, beobachtete ich ihr Tun und merkte, dass dieses und jenes bei mir verschwand. Ich konnte nichts sagen, da ich es ihr nicht beweisen konnte. Das letzte Mal als sie bei mir war, hatte ich so ein ungutes Gefühl, dass ich, nachdem sie gegangen war, mich innerlich sehr mies fühlte. Mein Bein schmerzte noch stundenlang nach ihrem Fortgang. Ich zitterte am ganzen Körper und war sehr genervt. Stellte mir immer wieder die Frage, wieso es mir so mies ging. In Gedanken ließ ich nochmal all die Dinge Revue passieren, die ich mit ihr erlebt hatte und fand heraus, dass sie sich selbst etwas vormacht und somit versucht, anderen vorzuspielen, sie hätte ihr Leben im Griff. Da war sie allerdings bei mir an der falschen Adresse. Meine Gefühle sagen mir viel, und wenn dazu noch mein Körper zu rebellieren beginnt, muss ich solche Menschen wieder aus meinem Leben entfernen.

Mittlerweile geht sie mir aus dem Weg, geht lieber einen großen Umweg, als an meinem Haus vorbei. Wäre ich an ihrer Stelle und hätte ein reines Gewissen, was sie bestimmt nicht hat, würde ich das Gespräch suchen und nachfragen, was los ist. Aber diesen Schritt unternimmt sie nicht. Egal, ich brauche sie nicht, und wenn ich für sie keinen Ersatz finde, erledige ich die Arbeiten ich meinem Haushalt selbst, oder ich kaufe mir einen Roboter, der mich weder beklaut noch belügt.

Es gibt Phasen in jedem Leben, in denen vergisst man die positiven Dinge im Leben, zumal die meisten Menschen eher negativ eingestellt sind. Schon morgens empfindet dieser Personenkreis, dass der Tag unschön verlaufen wird und vergisst dabei komplett, dass er gerade erst beginnt. Ist man negativ eingestellt, verläuft auch meistens alles negativ.

Vor dieser Sorte Mensch, die abgestumpft in den Tag hinein lebt, die nicht mehr weiß, was Gefühle sind, distanziere ich mich vollkommen. Die Menschheit empfindet keine Freude mehr, keine Trauer, keine Liebe, außer für sich selbst. Sie wissen überhaupt nicht mehr, was sie wirklich empfinden. Ich erlebe fast nur noch verschlossene Gesichter, die Körperhaltungen wirken verklemmt. Geht man tanzen, sehe ich Paare, die so voneinander abhängig sind, dass sie nicht mal mehr alleine tanzen können und Angst haben, mit einer fremden Person zu sprechen. Da ich eine lange Zeit ebenfalls von meinem zweiten Ehemann abhängig war, schwor ich mir nach der Trennung, dass so etwas nie wieder in meinem Leben vorkommen wird. Ich will meine Unabhängigkeit nie mehr verlieren; sei es finanziell oder emotionell. Ich brauche meinen Freiraum und bis jetzt habe ich niemanden getroffen, der mir diesen lässt. Fast alle Männer wollen verwöhnt werden, man soll sie von vorne bis hinten bedienen. Das alles kann und will ich auch nicht mehr.

Sollte ein Mann in mein jetziges Leben treten und mir meinen gewünschten Freiraum lassen, könnte eine Beziehung eventuell funktionieren. Mein Wunsch besteht darin, dass sich mein Partner so wie ich frei fühlt. Ich will nicht besitzen, und ich will auch nicht, dass von mir Besitz ergriffen wird. Ich will einfach nur respektiert werden. Die meisten Menschen lassen sich aber keinen Freiraum mehr. Sie drohen zu ersticken und ändern nichts an ihrer Situation. Sie fühlen sich nicht wohl in ihrer Haut, lassen aber alles so sein wie es ist. Sie verlassen sich immer nur auf andere, sind kaum noch in der Lage, etwas alleine zu tun. Wenn ich z. B. tanzen gehe, gehe ich immer alleine. Zu diesem Thema eine kleine Geschichte.

Ich war in einer Wellnesskur. Dort gab es eine Tanzbar, in der ich meistens sozusagen „etwas los gemacht" habe. Eines Tages wollte ein Mann mit mir tanzen und forderte mich während des Tanzes auf, doch „normal" zu tanzen. Ich antwortete ihm, dass ich nicht „normal" sei, ich sei glücklich. Er sah mich an, als käme ich von einem anderen Stern. Ich bin der Meinung, er verstand mich gar nicht.

Ich habe festgestellt, dass ich ab und an Dinge voraussehe. Nicht, weil ich hellseherische Fähigkeiten habe, sondern weil ich Ereignisse aneinanderreihe, d. h. ich beobachte Menschen, wie sie leben, wie sie sich benehmen und was ihre Gewohnheiten sind. Ich beobachte ihr Erscheinungsbild. Selbst an der Körperhaltung sieht man, wie ein Mensch sich fühlt. Stark und selbstbewusst oder schwach und schüchtern, naiv oder erwachsen. Dies alles erkennt man nur durch reine Beobachtung. Ich bilde mir meine eigene Meinung über Menschen und höre nicht auf das Gerede anderer. Reden können alle, aber wissen tun die wenigsten. Am meisten sieht man in den Augen der Menschen, was mit ihnen los ist. Die Augen sind sozusagen das Tor zur Seele. In ihnen sieht man die Traurigkeit, die Angst, die Perspektivlosigkeit, die Alkoholsucht, die Drogen, die Lust zum Leben, die Fröhlichkeit und so vieles mehr. Ein Mensch, der nur mit dem Mund lacht, ist gar nicht fröhlich, sondern lacht nur, weil er glaubt, lachen zu müssen oder weil andere lachen.

Das Hier und Jetzt

Momentan verläuft mein Leben prima. Meine Söhne melden sich telefonisch, kommen auch ab und an zu Besuch, und wir verleben dann ein paar schöne Stunden. Das Schönste ist, dass wir uns gegenseitig helfen. Jeder auf seine Art. Mit unserem Wissen oder auch mal mit Geld. Einfach toll, wie sie sich so positiv verändert haben.

Meine Schwester ist in der Phase der Einsicht, in meinen Augen aber nach wie vor zu materialistisch eingestellt. Ihr Sohn dagegen ist zu stur, um irgendetwas anzunehmen. Er liegt wahrscheinlich noch nicht tief genug am Boden, um einzusehen, dass es ihm eigentlich mies geht. Seine Eltern sind im Moment nicht stark genug, um ihm zu helfen, möchten aber auch nicht, dass ich eingreife.

Mein Bruder ist ein feiner Kerl. Er öffnet sich mir gegenüber, und ich sehe ihn manchmal wieder als den Bruder an, den ich immer hatte. Er ist immer für mich da. Ein wundervoller Mensch. Eine Zeitlang bekam ich jeden Muttertag eine Blume geschenkt, in den letzten Jahren vergisst er dies leider. Zurzeit hat er eine Freundin mit fünf Kindern. Diese Freundin geht nicht arbeiten und lebt vom Geld meines Bruders. Ich nenne so ein Verhalten „ausnutzen". Mein Bruder erinnert mich sehr oft an meinen Vater. Seine ganze Lebensart und seine Gutmütigkeit. Ich verstehe ihn diesbezüglich nicht. Er hat wie viele Menschen ebenfalls Angst vor dem Alleinsein. Trotz allem bin ich stolz auf ihn. Er hat sein Leben trotz seiner Krankheit besser gemeistert als manch anderer, der gesund ist. Mittlerweile ist er 43 Jahre alt und nennt mich manchmal heute noch Mama. Ich finde das sehr gut, somit hat er nicht vergessen, was ich für ihn getan habe. Ich habe meinen Bruder sehr lieb und wünsche, dass er glücklich wird und seine eigene Natur wieder findet.

Mit meiner Stieftochter habe ich mittlerweile einen losen Kontakt, aber immerhin Kontakt. Wir hatten irgendwann ein gutes Gespräch, und ich bin ihr heute noch sehr dankbar, dass sie mir zugehört hat.

Kürzlich hatte ich ein Erlebnis. Ich saß zu Hause bei einem Glas Wein, hatte zwei Wochen zuvor einen Streit mit meinem jüngsten Sohn. Dabei ging es wie immer um Geld. Ich ließ unseren Streit zu dicht an mich heran, so dass das Endresultat dieses Abends die Tatsache war, dass ich den Notarzt rief. Mein Herz klopfte, ich dachte es würde mir aus der Brust springen. Mein linker Arm wurde knallrot und nach wenigen Schritten, hatte ich Atemnot. Ich tippte auf einen Herzinfarkt. Der Notarzt kam und machte ein EKG. Er konnte nichts Außergewöhnliches feststellen, empfahl mir aber, trotzdem zur Beobachtung mit in die Klinik zu fahren. Ich erklärte ihm, dass ich mich wohl zu sehr aufgeregt hätte wegen meines Sohnes, und dass ich vermute, dass mein Unwohlsein nervlich bedingt sei. Ich kam ins Krankenhaus. Die ersten Tage dort war ich wirklich schlapp. Man checkte mich komplett durch. Alles war in Ordnung, obwohl ich ja manchmal nicht so gesund lebe. Sie stellten dann aber eine Verdickung an den Herzkranzgefäßen fest und auf Drängen meines Sohnes ließ ich meine Herzkranzgefäße näher untersuchen. Die Ärzte konnten nichts feststellen. Einer von ihnen sagte mir, ich hätte ein Herz wie ein junges Mädchen und ich antwortete: „Ist die Seele gesund, ist der Körper gesund."

Hat man dem Tod zweimal ins Auge geschaut wie ich, denkt man anders und handelt auch anders. Mittlerweile sind fast alle meine Krankheitssymptome verschwunden. Von 32 kg bin ich wieder auf 49 kg. Meine Haut ist wunderschön weich und angenehm, denn auch sie war schlaff und trocken. Schluckprobleme habe ich immer nur kurzfristig. Meistens dann, wenn ich innerlich zu sehr aufgewühlt bin. Mein linkes Bein ärgert mich, wenn ich sehr angespannt bin. Aber, da ich ja weiß woher diese Probleme kommen, weiß ich sie auch zu beheben. Herzstiche bekomme ich z. B nur, wenn jemand, den ich sehr lieb habe, versucht, mir weh zu tun. Vor einiger Zeit lernte ich einen jungen Mann kennen, wir waren uns auf Anhieb sympathisch. Eigentlich wollte er unser Haus kaufen. An seinem Benehmen konnte ich unschwer erkennen, dass er in seinem Kopf sehr durcheinander war. Während unseres Gespräches sagte ich ihm, er sollte über sein Leben nachdenken. Er tat dies dann auch und rief mich lange Zeit nach diesem Gespräch an, um mir etwas Wichtiges mitzuteilen. Er empfand es als sehr gut, dass ich in sein Leben getreten war, ihm sozusagen aufgezeigt hatte, wo es lang geht. Er lud mich zum Essen ein, und wir verbrachten gemeinsam einen schönen Abend. Am darauffolgenden Abend lud er mich zu sich ein, doch diese Einladung lehnte ich an diesem Tag ab, weil ich sehr müde war. Einen Tag darauf hörte ich Nachrichten und erfuhr, dass in dem Dorf, in dem dieser Mann wohnte, ein Haus abgebrannt war. Wie sich später herausstellte, handelte es sich tatsächlich dabei um sein Haus, und er war mit verbrannt. Mein Gott war ich damals traurig. Fast hatte er in seinem Leben die Kurve bekommen und dann passierte so etwas. Warum das alles geschehen war, weiß ich nicht. Schade, dass er es nicht geschafft hatte.

Alles in allem war er bislang die einzige Person, die bis jetzt zugegeben hat, dass ich ihr geholfen habe, auf den richtigen Weg zu kommen. Darum werde ich ihn wohl nie vergessen. Er war erst 43 Jahre alt, hatte noch so viel vor und war einfach zu jung zum Sterben.

Danke

Meinem Therapeuten in Luxemburg habe ich viel zu verdanken. Er hat mich öfters aus einem tiefen Loch geholt. Manchmal war es nur ein Satz von ihm, der mich wieder zur Einsicht brachte. Ich danke ihm aus vollem Herzen, denn ohne ihn hätte ich vieles nicht geschafft.

Ebenfalls einen herzlichen Dank an meinen Therapeuten in Kassel. Niemals vergesse ich, was er mir beigebracht hat.

Meinen Söhnen verdanke ich, dass sie mich an vieles erinnert haben, was ich vergessen oder verdrängt hatte. Sie haben mir viel geholfen, obwohl sie sich dessen noch nicht so bewusst sind.

Meinem Bruder einen großen Dank, dass er immer für mich da war, wenn es mal „gebrannt" hat. Ich konnte mich immer auf ihn verlassen.

Meine Schwester hat mir auch einige Male geholfen, und auch das habe ich nicht vergessen. Sie sagte mir irgendwann einmal nicht zu wissen, ob sie je diese Leichtigkeit haben werde wie ich sie habe. Eins kann ich sagen, dies liegt allein an ihr.

Ich würde mir wünschen, dieses Buch bringt den Menschen, die ich liebe und gern habe, ein wenig Einsicht, auch wenn es die nackte Wahrheit enthält, die ja niemand so gut verträgt, denn ich würde gerne noch Zeit mit ihnen verbringen, möchte sie alle nicht verlieren, denn ich habe schon so viel verloren.

Aber auch den unbekannten Lesern rate ich über ihr Leben nachzudenken, denn ich würde meinem ärgsten Feind nicht diese Krankheit wünschen. Man ist schnell „drin", aber nicht so schnell wieder heraus, wenn man es überhaupt schafft.

Mit meinem Buch möchte ich weder jemanden angreifen, noch beschuldigen. Es wurde so verfasst, wie ich es erlebt habe, wie ich es sehe, wie ich es gefühlt habe und noch fühle.

Eine Sache steht für mich fest. Freiheit ist das Wertvollste, dass es gibt und einen inneren Frieden zu spüren ist einfach nur schön.

Zur Erinnerung

➢ Man soll Konflikte lösen, ihnen nicht aus dem Weg gehen.

➢ Ohne den Weg in die Vergangenheit, kann es keine Zukunft geben.

➢ Angst ist etwas, was ich nicht mehr kenne, außer dass meine Söhne, mein Bruder und die Menschen, die ich liebe in diese Krankheit gelangen.

➢ Ich habe allen verziehen, vergessen habe ich nichts.
Vergeben kann man nur, wenn man versteht.

Jeder hat in seinem Leben seine Last zu tragen. Jeder verarbeitet diese so, wie er es für gut empfindet. Ich habe alles mit Schreiben verarbeitet, fühle mich frei und erlöst von all dem Schmerz, der in mir war. In der Zeit, in der ich dieses Buch schrieb, hat sich vieles verändert, bestimmt gibt es noch eine Fortsetzung.

Ich hoffe, dass ich mit meinen Ausführungen kein allzu großes Durcheinander in den Köpfen meiner Leser verursacht habe. Es kann vorkommen, dass ich von einem Extrem ins andere übergegangen bin, doch die erlebten Situationen wiederholen sich immer wieder im Leben und aus diesem Grund ist es nicht einfach, alles der Reihe nach zu erzählen.

Ihre Marry Nilles

Zeitfracht Medien GmbH
Ferdinand-Jühlke-Straße 7
99095 Erfurt, Deutschland
produktsicherheit@kolibri360.de